이은영의
한시 산책

이은영

도서출판 비움과 채움

〈추천사〉

같음과 다름

묵점 기세춘

　같음과 다름을 분별하지 못하면 우리는 사고하고 판단할 수 없다. 진짜와 가짜를 구분하기는 더더욱 불가능하다. 시장바닥도 그렇고 선거판에서도 마찬가지다. 시장에서는 물건을 고르고 선거판에서는 사람을 골라야 하는데 같음과 다름이 어지러우면 속고 속이는 난장판이 될 것이다. '화씨의 구슬'이라는 고사가 있다. 화(和)씨라는 사람이 임금에게 천하에 귀한 구슬을 바쳤더니 보석감정인이 돌이라고 판정해 결국 그는 임금을 속였다는 죄로 다리를 잘렸다는 이야기다. 돌을 구슬이라고 속이고, 구슬을 몰라보고 돌이라 타박하는 세태를 보노라면 과연 도심(道心)은 희미하고 인심(人心)은 위태롭다는 요순의 말은 천고의 진리인 것도 같다.
　옛날 어떤 이가 수석(水石)을 보고 감촉이 단단하니 좋은 돌 같다고 말했고, 또 어떤 이는 흰 빛깔이 은은하여 귀한 돌이라고 말했다. 그런데 사람들은 단단한 돌과 흰 돌은 다른 두 개의 돌이라고 우기는 쪽과 반대로 같은 돌이라고 주장하는 쪽이 서로 나뉘어 다투었다고 한다. 이런 것을 이른바 '견백동이론(堅白同異論)'이라 한다. 우리는 흔히 전국시대 유행했던 명가(名家)들을 궤변이라고 비난하면서 그 대표적인 담화로 견백동이론을 예로 든다. 그러나 그들의 동이론은 우리에게 어째서 같고 무엇을 다르다고 말하는지 곰곰 생각하게 한다.

　남한 민중은 북한 응원단을 보고 우리는 하나라고 외치는데 과연 그런가? 고구려와 발해는 한국과 같은가 중국과 같은가? 임진왜란을 일으키고 조선을 강점한 옛 왜인의 죄악을 과연 오늘의 일본인이 책임져야 하는가? 히틀러의 죄악을 왜 오늘의 독일 젊은이들이 참회해야 하는가? 부모의 채무를 아들이 책임지는 연좌제는 옳지 않다고 하면서 할아버지의 친일행위는 손자가 책임져야 한다고 생각하는 것은 무엇 때문인가? 어제의 나와 오늘의 내가 과연 같은가 다른가?

　이런 물음들은 바로 동이론의 문제의식이며 오늘에도 유효함을 일깨워주고 있다. 2500년전 선인들은 이처럼 치열하게 사고했는데 오늘 우리는 어떤가? 시장바닥에서는 같고 다름에 대한 동이론을 치열하게 고민하면서도 왜 자신의 삶에 중대한 영향을 미치는 선거판에서는 동이론을 문제 삼지 않는 것일까? 아니면 겉이 달라 뽑아주었더니 속은 다 같더라! 이것이 민심인가? 그렇다면 민중은 이미 대동(大同)으로 보면 모두 같고 소동(小同)으로 보면 모두 다르다는 명가(名家)들의 대동소이론(大同小異論)을 체득하고 있었던 것일까?

　그렇지만 다름을 무시하고 같음만 강조하면 시비, 선악, 호오를 어찌 분별하고 선택할 수 있겠는가? 반대로 대동(大同)을 버리고 소이(小異)만 앞세우면 어찌 더불어 공동체로 살아갈 수 있겠는가? 차이를 강조함은 개성과 주체성의 문제이고, 같음을 강조함은 정체성과 자기동일성의 문제이다. 그러나 실은 주체성과 자기동일성은 동전의 양면과 같다. 이처럼 같음[同]과 다름[異]은 상보적이다. 같음이 없으면 다름도 없고, 다름을 모르면 같음을 알 수 없다. 그러므로 우리는 같음을 추구하되 다름을 보존하자는 중국 지도부의 구동존이(求同存異) 철학을 한수 배워야겠다.

　요즘 진보학계는 민족이란 담론이 오늘에도 유효한가라는 가치논쟁을 벌이고 있다. 민족모순이 우선이냐 계급모순이 우선이냐의 논쟁은 이미 해묵은 것이다. 민족은 공동체와 문화생활의 동일성의 문제이고, 계급은 개인적 경제생활의 구조적 차별성의 문제이다. 그러나 계급만을 강조하면

문화적 역사적인 동질성을 간과함으로써 표준화 세계화의 덫에 함몰될 위험이 있고, 민족만을 강조하면 물질적 현실적인 차별을 간과함으로써 배타와 착취를 외면할 위험이 있다. 문자가 아니라 사실의 입장에서 보면 양자는 배타적인 모순관계가 아니라 상보관계일 뿐이다.

오늘날 문학계의 화두에도 동이론(同異論)이 밑바탕에 깔려있다. 시와 소설에 시비선악의 분별이 없는 것은 문학이 아니라는 모더니즘 류의 주장과, 아름다움은 인류 보편일 뿐, 본래부터 민족과 계급 등 거대담론이나 가치판단의 문제가 아니며 문학은 도덕교과서일 필요는 없고 섹시하고 즐거운 오락일 뿐이라는 포스트모던 류의 주장이 날 선 공방을 하고 있다. 이런 비슷한 논쟁은 예로부터 있어온 터다. 이른바 정경론(情景論)이 그것이다.

'정경론'은 정사(情思)가 중요한가? 풍경(風景)이 중요한가의 문제인데 사물을 보는 관점이 이물관물(以物觀物)이냐 이심관물(以心觀物)이냐의 인식론적 문제까지를 포괄한다. 그러나 이것은 사물을 객관적으로 묘사하는 것이 우선이냐 사물은 보는 주관적인 마음이 우선이냐의 문제일 뿐 사물과 마음이 따로 일수는 없다. 마음이 없으면 경치를 표현할 수도 없거니와 경치 없이 마음만 표현한다면 황당한 것이다. 우리는 흔히 그림은 경(景)의 표현이고, 시는 심(心)의 표현이라고 말한다. 그러나 그림 속에 마음이 있고 시 속에 경치가 있다. 발이 많은 노래기는 발이 없는 뱀을 부러워하고, 뱀은 바람을 부러워하고, 바람은 눈을 부러워한다지만, 눈은 굳이 마음을 부러워할 필요는 없다. 눈은 마음의 창이기 때문이다. 사물로서 경(景)은 똑같은 것이지만 눈으로 보는 경(景)은 저마다 다른 것이 된다. 그래서 경(景)속에 마음이 있고, 사(思)속에 경(景)이 있다고 한다.

특히 한시는 극도로 마음의 표현을 절제한다. 시삼백사무사(詩三百思無邪)라는 공자의 언명은 시경(詩經)의 절제미를 높이 평가한 것이다. 심사가 있되 삿되지 말아야 한다는 뜻이다. 그래서 풍경(風景)은 현저하되 정사(情思)는 은미해야 한다. 백화백초가 제방하지만 향기는 어디선가 멀리서 조용하고 은미하게 오는 것이다. 코를 대고 맡기보다는 마음으로 전해져야 한다. 그러므로 마음이 굳은 사람은 그 향기를 느낄 수 없다. 시인은 저마다 다른 자태와 향기를 그리는 것만으로는 만족하지 못한다. 시인만의 남다른 정사가 없다면 도두가 비슷한 그렇고 그런 풍경일 것이기 때문이다. 그러므로 눈으로 보고 코로 맡는 것은 동(同)일지라도 내 마음과 뜻은 이(異)여야 한다. 공자가 말한 "사무사(思無邪)"란 것도 시(詩)는 동(同)보다 이(異)이고, 경(景)보다 사(思)이지만 다만 사(邪)가 없어야 한다는 뜻이리라! 사(邪)는 무엇인가? 사팔뜨기나, 귀울림 병이나, 코골이와 같을 것이다.

이은영 군은 나의 오랜 민족민주운동의 동지이다. 이런 인연으로 그는 내가 신영복 교수와 함께 역주한 《중국역대 시가선집》의 애독자가 되었다. 그리고 나에게서 《논어》, 《묵자》, 《노자》, 《장자》, 《주역》과 성리학, 실학 등을 공부하기도 했다. 그는 공학도지만 사물을 수학공식으로만 보지 않는다. 그는 통일운동가지만 민족담론에만 얽매이지 않는다. 그논 반핵평화운동가지만 환경 근본주의자가 아니다. 그는 동양고전을 탐독하고 한시를 좋아하지만 거기에 매몰되어 서양문물을 배타하지 않는다. 그는 과학과 산업에서부터 정치 경제 사회에 이르기까지 넓고 깊은 교양을 쌓은 지성이며 온화하지만 굳은 신념과 열정을 지닌 문학도이기도 하다.

이러한 넓고 깊음이 없이는 시대가 다르고 나라가 다르고 취향이 다른 수많은 시인들의 작품을 이해할 수 없다. 그러기에 나는 그가 한시 감상을 연재한다기에 한 번도 빠짐없이 읽었다. 나의 기대는 헛되지 않았다. 너무도 짧은 촌평이지만 정곡을 찌른 것이어서 일품이었다. 아! 그렇지! 그거야! 찬탄하곤 했다.

화룡점정(畵龍點睛)이란 말이 있다. 용을 아무리 정교하게 그렸다 해도 눈이 살아있지 않으면 죽은 벌레에 불과하다. 불상을 조성할 때도 마찬가지다. 눈이 살아있지 않는 불상은 아무리 아름다워도 사불이다. 그래서 개안(開眼) 의식을 성대히 거행하는데 눈을 찍음으로써 비로소 불심이 담긴 불상이 된다. 시(詩)도 마찬가지다. 아무리 경(景)을 잘 묘사했어도 보일 듯 말 듯 정사(情思)가 들어있지 않으면 감동이 없다. 아무리 방초가 아름다워도 향기가 없으면 나비가 오지 않고 열매를 맺을 수 없다. 시 속에 숨어 있는 은미한 향기를 놓치면 시를 알지 못한다. 은영 군의 한시 번역은 그 향기를 놓치지 않는다. 시 속의 정사는 향기처럼 눈으로 보고 코로 맡는 것이 아니라 이심전심으로만 느낄 수 있다. 그것을 놓치지 않고 읽어내야 시를 번역할 수 있다. 은영 군은 이것을 해냈다.

나는 전부터 그의 한시 감상을 출판했으면 좋겠다고 권유해왔다. 한시감상은 여러 책이 나와 있지만 이것은 다르기 때문이다. 은영 군은 문학을 직업으로 하는 사람은 아니다. 그래서 선시(選詩)부터 다르다. 전문가들은 선시(選詩)의 원칙을 정해놓고 나서 시집들을 책상에 벌여놓고 시대별 유파별 시인별로 분류 배정하고 그 경중을 따라 고르는 것이 보통이다. 그러나 이 책은 생활현장에서 느낌을 받아 연상되는 시를 골랐다는 점에서 다르다. 이 책에 수록된 시들은 재야운동의 현장에서, 그리고 산업현장에서 회한과 반성과 깨달음으로 골라진 것들이어서 자유롭고 생생하고 절절하다. 은영 군! 출간을 축하한다. 부디 더욱 정진하시게.　－墨店

〈책을 펴내면서〉

선현들의 마음을 들여다보는 즐거움

이 은 영

  지난 몇 해 동안 시간이 날 때마다 한시를 공부하면서 나 혼자 보기에는 아까운 한시들을 나름대로 번역해 놓곤 하였다. 그러다가 주간 신문에 연재할 기회가 주어져서 그동안 번역해 놓았던 한시들 중에서 그때그때마다 계절이나 풍속에 맞추어서 선정한 작품들을 연재하였다. 올해 말까지 4년의 세월 동안 발표했던 작품들을 정리해보니 190여 편이 모아졌다. 그동안 신문에 연재될 때마다 꼬박꼬박 읽으면서 평을 해주시던 몇몇 분들께서는 올해가 지나기 전에 책으로 만들어 전문가들의 평가를 받아보라는 권고를 하셨다. 이에 힘입어 그동안 발표했던 한시들을 모아 주제별로 다시 정리하여 이 책을 펴내게 되었다.
  이 책에 실려 있는 모든 한시 작품들은 지은이가 각각 다르다. 나는 작가의 삶과 시가 일치되는 작품 중에서 내 마음에 드는 시들을 선정하여 나름대로 우리 율격에 맞추어서 번역하였다. 그런 까닭에 이 책을 편집할 때 내가 번역한 한글을 앞에 놓고 원문인 한시는 그 아래에 배치하도록 하였다. 이는 번역작업도 하나의 창작이라고 생각하였기 때문이다.
  한시는 우선 시를 알아야 제대로 번역을 할 수 있다. 그런데 아직까지 시를 제대로 알지 못하는 내가 전문적인 공부도 하지 않은 채 그저 주마

간산 격으로 틈틈이 배운 한문지식만으로 한시를 번역하다보니 제대로 번역이 이루어졌는지 모르겠다. 다만 한시를 즐겨 배웠기 때문에 내 나름대로는 원문에 충실하면서도 시적 분위기까지 전달해보려고 노력하였다. 만약 내가 번역한 시가 제대로 원래의 뜻을 담아내지 못했다면 이는 시를 제대로 번역하지 못한 번역자인 내 탓이 크다. 그래서 이 책에 실린 모든 한시들의 한글 번역에 대한 모든 책임은 내게 있다는 생각에서 책 제목에서 내 이름을 앞에 내세우게 되었다.

일반적으로 번역을 앵무새의 처지에 비유하는 경우가 많다. 그러나 나는 번역도 또 다른 창작이라고 생각한다. 원래 번역이란 원시의 뜻을 제대로 드러내야 좋은 번역이라고 할 수 있다. 그러나 그것만으로는 시를 온전하게 번역했다고 할 수가 없다. 시는 산문과 달리 운율과 그 시가 쓰여지게 된 시적 상황도 함께 드러내지 않으면 제대로 그 뜻을 전달할 수 없기 때문이다. 따라서 그 시가 쓰여진 사회적 조건이나 역사적 요건들을 살펴 오늘의 상황에 맞추어보면서 번역자 나름대로 그 속에 시대성과 창의성을 담아내야만 제대로 된 번역이라고 할 것이다. 이 점에서 번역은 또 다른 창작의 영역으로 넘어오게 된다. 그러다보니 때때로 잘된 번역은 원문보다 더 시적이고 운치가 있다는 말까지 나오게 되는 것이다.

물론 내가 한 번역이 다 그렇다는 것은 아니다. 나는 한시를 즐기면서 즐거운 기분으로 한시 마당에서 노닐다가 온 것이다. 따라서 그냥 선현들의 마음을 들여다보고 나 혼자 흥겨워하면서 즐긴 것에 불과하다. 그러나 이러한 작업도 때로는 다른 이들에게 평가를 받고 싶은 생각이 들 때가 있다. 그것이 바로 내가 이 책을 내게 된 동기이기도 하다. 비록 내 나름대로 즐기면서 번역을 해보았다고는 하지만 부족함이 많기에 주위 어른들의 의견도 듣고 싶어서 만용을 부려 이렇게 책을 펴내게 된 것이다. 부족한 능력이지만 내 나름대로는 애를 써서 한 작업이니만큼 한번 읽어보시고 많은 충고 해주시기 바란다.

연재를 허락하시어 이 책이 나올 수 있도록 계기를 만들어 주신 양돈타임즈 김오환 사장에게 감사하며, 편집을 도맡아 수고하신 죽마지우 김봉진 박사께는 필설로 표현할 수 없는 고마움을 마음속에 간직할 뿐이다. 약 10년 전부터 배움도 부족하고 재주도 없는 내게 동양고전을 가르쳐 주신 묵점 기세춘 선생님과 내가 항상 존경하는 성공회대 신영복 선생님의 공저인 《중국한시선》 전집 4권은 이 책이 나오게 되는 산파역을 하였다. 적지 않은 나이임에도 방송통신대 영어영문학과를 졸업하고 이어서 중어중문학을 공부하고 있는 아내 신을희의 격려와 조언이 없었다면 아마도 이 책은 없었을 것이다. 아무리 바빠도 앞으로 내가 이 즐거운 한시 마당을 산책하는 일은 계속될 것이다. 사업과 사회활동을 겸하면서 복잡한 머리를 식히기 위해서라도 가슴을 훈훈하게 적셔주는 한시를 통한 선현들과의 대화는 필요하기 때문이다.

― 2007. 11. 20.

차 례

사 랑_13

님 그리운 맘(夜之半) / 님의 꿈을 꾸며(相思夢) / 님을 그리워하며(秋閨詞) / 말없는 사랑(無語別) / 그대에게 부치는 내 마음(寄君實) / 고운 님 생각(悼亡室) / 사랑 노래가락(述樂府辭) / 칠월칠석날(七夕) / 봄날을 기다리며(春望詞) / 봄꿈(思帝鄕) / 봄꿈을 꾸며(春怨) / 길 위의 풍경(路上所見) / 술취한 삶(醉醒) / 매화 그림에 부쳐(梅花小幅) / 눈 속에 핀 매화를 보며(梅花) / 흰 매화를 보며(白梅)

이 별_31

벗을 떠나보내며(送人) / 벗을 보내며 1(送人1)/ 벗을 보내며 2(送人2) / 님과 이별하며(惜別) / 강위에서(江上) / 칠석날에(七夕) / 가을(秋) / 술잔을 들며(涼州詞) / 떠나는 마음(別情人) / 초생달을 보며(詠初月) / 벗과 헤어지며(別董大) / 헤어짐을 아쉬워하며(別李禮長) / 귀양지에서 죽은 처를 애도함(配所輓妻喪) / 산 속에서 헤어지면서(山中送別) / 최흥종과 헤어지며(留別崔興宗) / 벗을 떠나보내며(芙蓉樓送辛漸) / 옥피리소리를 들으며(輿中欽) /

우 정_51

책상을 보내며(以烏机遺容齋)/ 벗과 더불어(與友) / 매화맞이(梅花) / 인운 스님에게(贈因雲釋) / 소를 타고 황혼에 도착하다(騎牛暮至)/ 동대에서(東臺) / 금강산 가는 스님에게(送僧之楓岳) / 가난할 때의 벗(貧交行) / 술과 벗(友人會宿) / 술 한 잔을 나누며(山中對酌) / 친구를 찾아감(尋胡陰君) / 다정한 벗들과 함께(多情客) / 벗을 만나지 못하고(訪道者不遇) / 벗을 만나고나서(訪曺雲伯) / 강가 주막에서(江舍)

향 수_69

비오는 가을밤에(秋夜雨中) / 완산가는 길에서(完山途中) / 옛고로로 돌아오니(初歸故園) / 섣달 그믐날(除夜作) / 사월 초파일을 맞이하여(四月初一日) / 옛 고을을 돌아보며(松都懷古) / 낙화암에서(落花巖) / 춘천 평청사에서(春川淸平寺) / 국경에서(宿檢秀) / 봄밤에 피리소리를 들으며(春夜聞笛) / 고향을 그리며(絶句2) / 가을 상념(秋思) / 변수를 지니며(楊柳之詞) / 가을바람 부니(秋風引) / 달밝은 한가위 밤에(八月十五夜) / 대성을 바라보며(臺城) / 명절에 형제들을 생각하며(億山東兄弟) / 밤에 구슬픈 피리소리를 들으며(夜上受降城聞笛) /

가 난_89

거꾸로된 풍경(無題) / 빈한한 삶(艱貧) / 들판의 간이주점에서(艱飮野店) / 사리화를 보며(沙里花) / 눈오는 밤에(懸霽雪夜) / 거센 비를 맞으며(野雨) / 농민을 생각하며(憫農) / 잠 못 아루는 밤에(夜坐有感) / 여름날 저녁에(夏夕) / 고단한 삶(田家詞) / 모래톱을 보며(新沙) / 무풍현에서(茂豊縣) / 눈오는 부용산 길에서(逢雪宿芙蓉山) / 건덕강에 머물며(宿建德江) / 허전한 마음 달래며(貧女吟) /

지 조_107

목숨을 끊으며(絶命詩)/ 눈덮인 들판을 밟으며(踏雪野)/ 한산섬에서(閑山島)/ 백두산 오르는 길에(白頭山途中)/ 한식날을 맞이하여(寒食松溪途中)/ 안중근 의사(安重根)/ 칼을 갈며(劍客)/ 우리땅을 되찾자(還我江山)/ 대나무(竹)/ 길가에서(路傍松)/ 영웅을 기리며(夏日絶句)/ 사신으로 금나라에 들어가며(奉使入金)/ 깊은 산속 소나무(松山幽居)/ 음산관문에서(出塞)/ 천왕봉에서(天王峰)/ 자연의 순리(不亦快哉行)/ 지난날을 뒤돌아보며(述懷)/ 낙서재 풍경(樂書齋偶吟)/

행 복_127

행복(四喜詩)/ 아름다운 봄날(春鶯)/ 깨우침의 소리(悟道頌)/ 자연의 즐거움(田園樂)/ 여름날의 즐거움(夏日卽事)/ 새소리를 들으며(後夜聞鳥)/ 소를 타고 있노라니(偶吟)/ 신선이 노는 세계(峯瀛)/ 낮잠에서 깨어(睡起)/ 매화를 마주보며(陶山月夜詠梅)/ 봄날을 맞아(仁智齋春帖字)/ 강가 바위에서(題江石)/ 환갑잔치에서(還甲宴)/ 모내기를 하며(揷秧)/ 타작마당에서(田園雜興)/ 산 속의 하루(夏日山中)/ 더위를 잊으며(銷夏詩)/ 밤바다를 건느며(夜度海)/ 유애사에서(遺愛寺)/ 지난 해를 뒤돌아보며(億錢塘江)/

무 욕_149

대장부의 마음(無題)/ 초가집에서(草屋)/ 화개동에서(花開洞)/ 내 맘의 뜻(述志)/ 자연에 묻혀(伽倻山 讀書堂)/ 자연에 돌아오니(棄官歸鄕)/ 깨우치는 말(警世)/ 시심을 부르는 비(催詩雨)/ 서로 시를 지으며(和夫子吟時)/ 김거사집을 방문함(訪金居士野居)/ 눈 내린 산 속의 밤(山中雪夜)/ 제비의 지저귐을 보며(詠新燕)/ 꿈속에서 노닐며(夢中遊)/ 주원회에게 답하면서(答朱元晦)/ 남산에 살며(歸園田居)/ 곡강에서 1(曲江 1)/ 곡강에서 2(曲江 2)/ 술과 함께(對酒)/ 더위를 견디며(苦熱)/

인 생_171

새해를 맞으며(偶成)/ 산에 살면서(山居)/ 눈이 온 뒤에(雪後)/ 길에서(途中)/ 흰머리카락을 보며(秋浦歌) / 밤늦은 시간에(夜坐)/ 무덤을 바라보며(邙山)/ 싸움터에서(磧中作)/ 오의항에서(烏衣巷)/ 임류정에서(臨流亭)/ 추운날 홀로 앉아(雪夜獨坐)/ 고독한 가운데(峽行雜絶)/ 잠깐 비 그치니(午晴午雨)/ 꽃이 피고 지니(花開花謝)/ 여름철에(夏畫偶作)/ 상념에 빠져(重上金剛臺)/ 겨울밤에(冬夜)/ 지난날을 돌아보며(懷舊)/ 싸움터를 따라다니며(從軍行)/ 나이든 이를 기리며(聽秋蟬)/ 자형화를 생각하며(對花懷舊)/ 양읍 가는 길에(襄邑道中)/ 달을 가리키며(指月)/

풍 경_197

봄(春)/ 봄비(春雨)/ 봄날에(絶句)/ 봄날 새벽에(春曉)/ 비오는 날에(白鷺)/ 길가에서 지은 즉흥시(途中卽事)/ 산골마을을 지나며(松京道中)/ 산을 오르며(山行)/ 산속에서(山)/ 산길을 걸으며(山行)/ 6월의 풍경(六月調)/ 절 나들이 길에서(示子芳)/ 절간의 밤풍경(山寺夜吟)/ 멀리 경치를 보며(遠自廣陵)/ 저녁 강가에서(暮江吟)/ 길수를 지나며(過吉水)/ 보덕굴에서(普德窟)/ 진도 벽파정에서(珍島碧波亭)/ 망호루에서(望湖樓醉書)/ 국경 마을에서(凉州詞)/ 영주에 대한 노래(營州歌)/ 겨울밤(冬夜)/ 눈 내리는 강가에서(江雪)/ 눈덮인 종남산을 보며(終南望餘雪)/

사 랑

님 그리운 밤 夜之半(야지반)

황진이(黃眞伊, 조선)

동짓달 기나긴 밤 한 허리 베어내어
춘풍 이불 아래 서리서리 접었다가
달 없는 밤 고은 님 불 밝혀 오실 때에
차곡차곡 꺼내어 길게 길게 펼치고자

截取冬之夜半强(절취동지야반강)
春風被裏屈幡藏(춘풍피리굴번장)
有燈無月郎來夕(유등무월랑래석)
曲曲鋪舒寸寸長(곡곡포서촌촌장)

* 截(절) : 끊을 절.
* 半强(반강) : 절반이 넘게.
* 屈幡(굴번) : 구부릴 굴, 수건 건, 깃발 건. 수건처럼 접다.
* 鋪舒(포서) : 벌릴 포, 펼 서.

홀로 지새는 겨울 밤, 화담 서경덕을 그리는 황진이는 막막한 외로움에 잠을 못 이룬다. 지난 여름 황진이는 한밤중에 비에 젖은 몸으로 서경덕의 방으로 찾아가 사랑을 고백하고 노골적으로 그를 유혹하였으나 도학자 서경덕은 꿈적도 하지 않았다. 아무리 기생이라지만 사랑하는 사람과 맺어지지 못하니 독수공방은 스스로 선택한 필연이리라. 전해오는 이야기로는 황진이는 결국 서경덕을 유혹하는데 실패하고 그의 제자가 되어 사제간으로 정신적인 사랑을 나누는데 만족해야 했단다. 이를 기리어 후세 사람들이 황진이, 서경덕 그리고 박연폭포 이 셋을 송도삼절(松都三絶)이라 부르며 칭송한다. 원래의 시조를 한시로 바꾼 것이다.

님의 꿈을 꾸며 相思夢(상사몽)

황진이(黃眞伊, 조선)

그립고 보고파서 꿈길에나 만날까
임 찾아 나섰더니 그님도 날 찾아 나오셨네
다음 밤 꿈은 길게길게 꾸리라
같이 떠나 도중에 만나고 지고파

相思相見只憑夢(상사상견지빙몽)
儂訪歡時歡訪儂(농방환시환방농)
願使遙遙他夜夢(원사요요타야몽)
一時同作路中逢(일시동작로중봉)

* 只(지) : 다만. 지패혈(只貝穴):가장 키가 작은 글자는 穴, 貝, 只 순이다.
* 儂(농) : 나(我). 그 이(彼). 여기서는 나.
* 憑(빙) : 기대다. 의지하다.
* 歡(환) : 기뻐할 환. 여기서는 여자가 남자를 지칭하는 말.

서로 멀리 떨어져 있는지, 가까이 있으나 떳떳이 만날 수 없는 비밀스런 사랑인지 모르지만 두 연인은 만날 수가 없다. 꿈속에서조차 서로 길이 어긋나서 만나지 못했다니, 이는 이루어질 수 없는 사랑임을 은연중에 나타낸다. 어차피 만날 수 없는 사람, 꿈속에서나마 만나고 싶다. 기생의 애틋한 사랑 이야기가 마음을 파고든다. 국문학자 양주동 씨가 번역한 가사로 한때 애창되었던 가곡은 이 시에서 유래됐다. 양주동의 멋진 번역을 소개한다.
　꿈길 밖에 길이 없어 꿈길로 가니 / 그님은 나를 찾아 길 떠나셨네 / 이 뒤엘랑 밤마다 어긋나는 꿈 / 같이 떠나 노중에서 만나를 지고.

님을 그리워하며 秋閨詞(추규사)

김삼의당(金三宜堂, 조선)

긴 긴 밤 잠 못 들어 꼬박 새운 새벽녘
뜰 가득한 가을 달빛이 서럽도록 밝아서
이불 쓰고 잠을 청하니 사랑하는 당신 꿈
그대 곁에 가기만 하면 놀라 깨는 꿈

夜色迢迢近五更(야색초초근오경)
滿庭秋月正分明(만정추월정분명)
凭衾强做相思夢(빙금강주상사몽)
繼到郞邊却自驚(계도랑변각자경)

* 迢迢(초초) : 아득히 멀다. 까마득히 높다.
* 凭(빙) : 기대다. 의지하다.
* 强做(강주) : 억지로 강 지을 주. 일부러 꿈을 꾼다는 말.
* 却(각) : 도리어.

꿈속에서조차 마음 놓고 만날 수 없는 님, 그러나 너무 보고 싶은 님은 과연 누구일까? 그리고 이 여인은 무슨 기구한 사연이 있어 그토록 그리운 님을 꿈속에서 조차 피할 수밖에 없었을까? 님 생각에 새벽이 되도록 잠을 못 이루는데, 달빛은 너무 밝아 더욱 서럽다. 꿈에서나 보려고 억지로 잠을 청한다. 꿈속에서 님의 곁으로 찾아간다. 그러나 하마 들킬세라 갑자기 놀라서 뒤돌아 달아나며 꿈을 깬다. 김삼의당은 양반 규수로 같은 해 같은 날 같은 동네에서 태어난 하립과 결혼했다. 남편의 과거 급제를 위해 공부 뒷바라지를 하며 떨어져 살았을 때, 남편을 그리워하면서도 행여 공부에 방해가 될까 찾아가지 못하고 이 시를 지었다. 하립은 끝내 등과(登科)하지 못했다. 하지만 이들은 금슬(琴瑟) 좋은 부부로 해로(偕老)하였다.

말없는 사랑 無語別(무어별)

임제(林悌, 조선)

아리따운 소녀 나이는 열 다섯
부끄러워 말도 못 건 채 헤어졌구나
집에 돌아와 덧문까지 닫아걸고서
배꽃같이 하얀 달을 쳐다보며 눈물 진다

十五越溪女(십오월계녀)
羞人無語別(수인무어별)
歸來掩重門(귀래엄중문)
泣向梨花月(읍향이화월)

* 越溪女(월계녀) : 시냇가에서 발을 씻는 월나라 여인. 즉, 서시(西施)를 가리킨다. 미인(美人)의 통칭(通稱).
* 羞(수) : 부끄러워하다. 부끄럼.
* 掩(엄) : 가리다. 숨기다. 감싸다. (문을) 닫다.
* 泣(읍) : 소리는 내지 않고 눈물만 흘리는 울음. 눈물.

남녀간 사랑의 감정은 자연스럽고 아름다운 것인데 조선시대에는 유교의 영향으로 이를 억제했다. 연애를 금기시(禁忌視)하였고 본인의 의사와는 무관한 결혼을 강요당했다. 야만이 문명으로 강변되던 시절이었다. 사춘기의 이 소녀는 어느 집 도령을 짝사랑하고 있나 보다. 사랑하는 마음을 전하지도 못 한 채 집에 돌아와서 방문을 걸어 잠그고 달을 쳐다보며 소리 없이 흐느낄 뿐이다. 이 시의 작자 임제(林悌)는 당대의 호남아요 풍류객이며 자유인이었다. 평양기생 일지매와의 염문(艷聞)으로 유명하며 피리를 잘 불었다 한다. 감성이 풍부한 이 시인은 남녀칠세불동석(男女七歲不同席)으로 대변되던 그 시대의 모순을 어여쁜 소녀를 통하여 지적하고 있다. "보소! 사랑은 아름다운 것이야"라면서.

그대에게 부치는 내 마음 기군지(寄君實)

월산대군(月山大君, 조선)

등불 밝혀 지새운 객지의 새벽
적적한 성터에 보슬비 오는 가을
끝없이 그대를 그리는 내 마음은
천리를 이어가는 큰 강물로 흐른다

旅館殘燈曉(여관잔등효)
孤城細雨秋(고성세우추)
思君意不盡(사군의부진)
千里大江流(천리대강류)

* 寄君實(기군지) : 그대에게 도착하도록 (이 시를) 부침.
* 實(지)=至. 이를 지. 실이 아니고 지로 읽음.

아무도 없는 외로운 성터에 부슬부슬 가을비가 청승맞다. 객지의 여관방에서 가물거리는 등불을 켜고 밤을 꼬박 지새웠다. 끝없이 이어지는 그대 생각으로 잠 못 들었다. 가눌 길 없는 그리움의 깊이와 끊이지 않는 상념의 길이가 천리를 이어지며 흐르는 큰 강물 같다. 월산대군(月山大君)은 세조(世祖)의 장손(長孫)으로 왕위를 계승할 위치였으나, 동생 성종(成宗)이 왕위에 오르자 오로지 풍류를 즐기며 왕권에 전혀 관심을 두지 않았다. 이는 그의 할아버지 세조가 반정을 일으켜 혈육을 죽였던 패륜에서 얻은 처세술이라 할 수 있다.

고운 님 생각 悼亡室(도망실)

이서우(李瑞雨, 조선)

고운 얼굴 아련히 보일 듯 사라지고
꿈을 깨니 등잔불 그림자만 외롭네
가을비가 내 꿈 깨울 줄 미리 알았더라면
창 밖에 벽오동은 심지 않았을 텐데

  玉貌依稀看忽無(옥모의희간홀무)
  覺來燈影十分孤(각래등영십분고)
  早知秋雨驚人夢(조지추우경인몽)
  不向窓前種碧梧(불향창전종벽오)

 * 燈影(등영) : 등잔 밑이 어둡다는 말대로 등잔의 그림자.
 * 十分(십분) : 아주. 충분하게.

 봉황은 벽오동나무에만 앉는다. 봉황이 깃들어 청아한 소리로 노래하면 천하가 태평해진단다. 그래서 벽오동을 심은 뜻은 희망이다. 그런 벽오동이 이 시에서는 원망의 대상이 되었다. 그래서 더욱 슬프다. 이미 저세상으로 떠난 아내의 고운 얼굴을 꿈속에서 어렴풋이 보고 있는데 넓은 벽오동 잎에 떨어지는 빗소리에 그만 잠에서 깨어나고 말았다. 가을밤에 비는 내리고 아내가 누웠던 빈자리에는 등잔불 그림자만 흔들거린다. 가을비야, 벽오동아, 나의 이 외로움 너희들이 책임지거라.
 '벽오동 심은 뜻은 봉황을 보잣더니 어이타 봉황은 꿈이었다 안 오시뇨/ 달맞이 가잔 뜻은 님을 모셔 가잠인데 어이타 우리 님은 가고 아니 오시느뇨/ 하늘아 무너져라/ 잔별아 쏟아져라'
 이 노래가사와 분위기가 비슷하다.

사랑 노래가락 述樂府辭(술악부사)

김수온(金守溫, 조선)

겨울밤 얼음같이 차가운 바닥 위에
댓잎 깔고 누운 자리 온몸이 시리다
님과 함께 얼어 죽어도 좋으니
새벽닭아 제발 울지 말아라

   十月層氷上(시월층빙상)
   寒凝竹葉棲(한응죽엽서)
   與君寧凍死(여군녕동사)
   遮莫五更鷄(차막오경계)

* 述樂府辭(술악부사) : 노래가사를 기록하다.
* 棲(서) : 깃들일 서. 보금자리. 살다. 쉬다.
* 與(여) : 더불어. 함께.
* 五更(오경) : 새벽 3시에서 5시 사이.

얼음 위에 댓잎자리 보았네 // 님과 내가 얼어 죽을망정 // 정 둔 오늘밤 더디 세거라 더디 세거라. 남녀간의 사랑을 노래한 고려가요 '만전춘(滿殿春)'의 첫 구절이다. 이것을 한시로 바꾼 것이다. 날이 새면 이별을 해야 하는 가난한 부부의 사랑노래일까. 남 몰래 만나서 날이 밝기 전에 헤어져야 하는 슬픈 사랑을 노래한 것일까. 어느 경우라도 상관없다. 하여튼 뜨거운 사랑이다. 얼음 위에 대나무 잎을 깔았으니 찬 기운을 막을 수 없다. 얼음과 댓잎은 이 두 남녀의 뜨거운 사랑을 강조하기 위한 절묘한 대비를 이루는 소도구다. 끝 구절에 보면 고려시대는 '밤아 더디 세거라' 하고 직접 호소한 반면에 조선시대는 '닭아 우지마라' 하고 한 번 꺾는다.

칠월칠석날 七夕(칠석)

원수향각(元繡香閣, 조선)

신새벽 까마귀 까치들 은하수에 모여서
직녀가 맑은 물결 건너게 다리 놓았다
일 년에 한 번 만나는 사랑의 눈물이
방울방울 흘러 내려 빗줄기가 슬프다

　烏鵲晨頭集絳河(오작신두집강하)
　勉敎珠履涉淸波(면교주리섭청파)
　一年一點相思淚(일년일점상사루)
　滴下人間雨脚多(적하인간우각다)

* 元繡香閣(원수향각) : 여류시인. 《大東詩選》에 이 시가 실려 있음.
* 晨(신) : 새벽.
* 絳河(강하) : 깊게 붉을 강(絳). 강하는 은하수.
* 珠(주) : 구슬. 진주. 직녀가 아름답고 귀한 여인이란 뜻으로 씀.

　　소를 치는 목동 견우(牽牛)는 유목부족의 청년이고, 베를 짜는 처녀 직녀(織女)는 농경부족의 처녀다. 이들 부족 사이에 은하수(銀河水)라는 강이 가로놓여 경계선을 이룬다. 그러나 두 청춘남녀는 국경선을 넘어 서로 사랑한다. 일 년에 단 한 번 부족 간에 교류가 있을 때 서로 만날 수 있을 뿐이다. 은하수를 자유롭게 넘나드는 새들이 부럽다. 긴 그리움 뒤에 짧은 만남과 속절없는 이별. 견우(牽牛)와 직녀(織女)의 슬픈 사랑에 하늘도 무심치 못해 빗물을 뿌린다. 휴전선을 경계로 50년을 떨어져 살던 이산가족들의 상봉이 정례화되어 진행되고 있다. 50년의 그리움. 3일간의 만남, 또다시 속절없는 이별. 누가 이들에게 이런 고통을 주었는가?

봄날을 기다리며 望詞(춘망사)

설도(薛濤, 당나라)

바람 속에 세월 따라 꽃은 시들어 가고
아름다운 약속은 그저 아득한 일이로다
님의 마음을 묶어 둘 수 없기에
공연히 풀잎만 묶어 보노라

  風花日將老(풍화일장로)
  佳期猶渺渺(가기유묘묘)
  不結同心人(불결동심인)
  空結同心草(공결동심초)

* 將(장) : 돕다. 보살피다. 장군(將軍)=군대의 관직
* 佳期(가기) : 아름다운 시절이라고 해석을 많이 하지만, 기(期)는 약속, 기다림의 뜻. 즉 아름다운 약속을 의미함.
* 猶(유) : 원숭이 유. 망설일 유. 여기서는 오히려 유, 더욱 더 란 뜻.
* 渺(묘) : 1천억 분의 1. 아득히 멀다.

 1960년대 즐겨 부르던 가곡 '동심초'의 가사는 이 시에서 비롯되었다. 작자 설도(薛濤)는 당나라 전성기의 유명한 기생이다. 약 700년 후 조선시대 황진이 이미지를 연상하면 된다. 기생에서 은퇴하고 중년의 나이에 이른 설도가 젊은 시절 사모하던 옛사랑을 그리워하며 시들어 가는 꽃과 늙어 가는 자신을 비교하며 쓸쓸해 하는 모습이 눈에 선하다. 동심초 가사를 소개한다.
 꽃잎은 하염없이 바람에 지고// 만날 날 아득타 기약이 없네// 무어라 맘과 맘은 맺지 못하고// 한갓되이 풀잎만 맺으려는고

봄 꿈 思帝鄕(사제향)

위장(韋莊, 당나라)

봄나들이 길 살구꽃이 흩날려 머리에 가득
길 가는 저 도련님은 누구신지 너무 멋져
내가 저이게 시집간다면 평생토록 행복할거야
비록 무정하게 버림받아도 부끄럽지 않으리

　　春日遊杏花吹滿頭(춘일유행화취만두)
　　陌上誰家年少足風流(맥상수가년소족풍류)
　　妾擬將身嫁與一生休(첩의장신가여일생휴)
　　縱被無情棄不能羞(종피무정기불능수)

* 帝鄕(제향) : 황제의 고향, 즉 신선이 사는 곳.
* 陌(맥) : 밭둑길. 저잣거리.
* 擬(의) : 만일 ~라면.
* 休(휴) : 쉬다[息]. 그치다[止]. 편안하다[安]. 여기서는 기쁘다[慶]는 뜻.
* 縱(종) : 세로. 비록 ~일지라도.
* 被(피) : 이불. 덥히다. 상처받다. ~당하다.
* 羞(수) : 부끄러워하다.

　　봄은 여성을 들뜨게 하고 가을은 남성이 흔들리는 계절이라든가. 봄놀이 나온 젊은 여성의 들뜬 마음이 오롯이 담겨져 있다. 더구나 5언 또는 7언으로 정형화된 형식을 과감히 탈피한 자유분방함이 분위기를 더욱 달군다. 내용과 형식이 잘 어우러진 경쾌한 시다. 꽃잎이 바람에 흩날리는 화창한 봄날, 길에서 처음 본 잘생긴 도령에게 마음을 빼앗긴 이 처자는 쉽게 결혼하고 가볍게 헤어지는, 요즘 말로 표현하자면 쿨한 여성인가 보다. 위장(韋莊)은 당나라 말기 어지러운 시절에 태어나 젊은 시절부터 문명(文名)을 떨쳤으나 과거와는 인연이 없다가 58세에야 진사과에 급제한 후 말년에 명재상이자 명시인으로 역사에 이름을 남겼다.

봄꿈을 꾸며 春怨(춘원)

김창서(金昌緖, 당나라)

저 노란 꾀꼬리 녀석 쫓아 버려
나뭇가지 위에서 울지 못하도록
꾀꼬리 울면 내 단꿈이 깨어
님 계신 요서 땅에 갈 수가 없네

打起黃鶯兒(타기황앵아)
莫敎枝上啼(막교지상제)
啼時驚妾夢(제시경첩몽)
不得到遼西(부득도요서)

* 打起(타기) : 떨쳐 일어나다. 분발하다. 여기서는 쫓다.
* 黃鶯(황앵) : 꾀꼬리. 黃鸝(황리), 黃鳥(황조)는 모두 같은 뜻.
* 莫敎(막교) : 못하게 하다. 교(敎)는 ~을 하게 하다.

예로부터 꾀꼬리는 여성의 아름다운 목소리를 상징하는 말이다. 그토록 예쁜 소리가 듣기 싫다니 웬일일까? 매우 의아하고 궁금하다. 바로 뒤에 그 이유가 나온다. 꿈속에서 머나먼 국경지역인 요서 땅으로 날아가서 군대생활을 하는 그리운 낭군을 만나 서로 꼬옥 부둥켜 안고 있는데, 그만 꾀꼬리 소리에 잠에서 깨고 만 것이다. 꾀꼬리가 이 여인의 단꿈을 깨운 것이다. 아무리 아름다운 음악이라도 사랑하는 님을 만나는 꿈 만 같으랴. 김창서(金昌緖)는 이 시 한 수 만 전당시(全唐詩)에 그 이름과 함께 실려 전해져 올 뿐 그 어디에도 자료가 없는 사람이다. 중국에서는 흔하지 않은 김씨성(金氏姓)을 가진 것으로 보아 아마도 신라 출신 유학생이 아닐까 추측해 본다.

길 위의 풍경 路上所見(노상소견)

강세황(姜世晃, 조선)

사뿐사뿐 걷는 아름다운 저 아가씨
문 안으로 들어가니 눈 앞에 아른아른
그래도 다정할 손 잔설이 남아있어
담장 옆에 찍힌 발자국이 고아라

凌波羅襪去翩翩(능파라말거편편)
一入重門更杳然(일입중문경묘연)
惟有多情殘雪在(유유다정잔설재)
屐痕留印短墻邊(극흔유인단장변)

* 凌波羅襪(능파라말) : 凌波微步(능파미보) 羅襪生塵(라말생진)에서 따온 말. 얼음[凌] 위를 종종걸음으로 걷듯 미인의 걸음걸이가 가볍고 아름다운 모습. 라말(羅襪)은 비단버선.
* 翩(편) : 훌쩍 날다. 오락가락하다.
* 屐(극) : 나막신.

길을 가다 우연히 뒷모습이 아름다운 소녀를 보았다. 눈이 쌓인 길을 종종걸음으로 걷는 자태가 왠지 마음에 이끌려 뒤를 따라 갔다. 어느 솟을대문으로 들어간 소녀의 모습이 눈에 아련하다. 호기심에 그 집 문 앞을 얼쩡거린다. 소녀의 모습은 사라져 보이지 않지만 담장을 따라 눈 위에 찍혀 있는 그녀의 발자국이 이 총각의 가슴에 새롭게 자국을 남긴다. 조선시대 선비 강세황의 경쾌한 소품이다. 아무리 대하기 어려운 어른이라도 개구쟁이 어린 시절이 있었듯, 이성(異性)에 눈을 뜨는 사춘기(思春期) 또한 당연히 있지 않았겠는가. 표암(豹菴) 강세황(姜世晃) 선생의 근엄하고 진지한 모습 속에 이런 솔직하고 상큼한 여유가 있어 더욱 존경스럽다. 양반 출신 화가로도 유명한 분이다.

술취한 삶 醉醒(취성)

황경인(黃景仁, 청나라)

꿈속에서 치자 꽃향기 살짝 맡아보고
잠을 깨니 한 베개 위에 흑단같은 머리채 시원타
사립문 열어 둔 채 잠들었나 보다
지는 달에 두 봉우리 그림자 침상 위로 오른다

夢裏薇聞澹蔔花(몽리미문담복화)
覺時一枕綠雲凉(각시일침녹운량)
夜來忘却掩扉臥(야래망각엄비와)
落月二峰陰上床(낙월이봉음상상)

* 聞(문) : 들을 문, (냄새) 맡을 문. 여기서는 냄새맡다는 뜻으로 쓰임.
* 澹蔔(담복) : 치자나무.
* 枕(침) : 베개. 침목(枕木):철도 등의 받침목. 寢(침):잠잘 침과 혼동하지 말 것.
* 綠雲(녹운) : 직역하면 초록 구름이지만, 숱이 많고 아름다운 여자의 머리카락을 녹운(綠雲)이라 한다.
* 掩扉(엄비) : 잠글 엄, 사립문 비. 사립문을 잠그다.

　간밤에 술에 취해, 혼자 사는 집 사립문 잠그는 것을 잊고 잠들었다. 술자리에 같이 있던 기생인지는 몰라도 평소 그를 연모하던 여인인 것만은 분명하다. 몰래 들어와 옆에 누웠으니 말이다. 여인의 몸에선 치자 꽃향기가 은은하게 풍기고 흑단같은 머리채는 감촉이 시원하다. 술도 깨어 다시 힘이 생겼다. 여인의 봉곳한 두 젖가슴이 저자의 침상 위로 오른다. 이봉음(二峰陰)을 야한 버전으로 해석해보았다.

매화 그림에 부쳐 梅花小幅(매화소폭)

김정희(金正喜, 조선)

꽃을 보려거든 그림 그려 봐야하네
그림은 오래가나 꽃은 쉬이 시드나니
시 속의 향기가 그림 속의 향기인 걸
꽃 그려도 향기는 그리기 어렵다 말 마소

看花要須作畵看(간화요수작화간)
畵可能久花易殘(화가능구화이잔)
詩中香是畵中香(시중향시화중향)
休道畵花畵香難(휴도화화화향난)

* 看(간) : 보다.
* 要須(요수) : 반드시, 모름지기, 必須(필수).
* 休道(휴도) : 말하지 말라. (休: 쉬다. 그치다. 좋다. 금지하다)

추사 김정희 선생이 어느 매화그림을 보고서 칭찬하는 시를 지었다. 생화는 쉽게 시들어 버리지만 그림 속의 꽃은 영원하다. 인생은 짧지만 예술은 길다는 말이다. 그런데 문제가 하나 있다. 생화에서는 향기가 나지만 그림 속의 꽃은 향기가 없지 않은가. 그러나 이것도 해결 방법이 있다. 그림 속 여백에 향기 나는 시 한 편을 적어 넣으면 된다. 이 매화그림을 보니 생화보다 더 아름답고, 그림 속에 적어 넣은 한시는 꽃보다 더 향기롭다고 극찬하고 있다. 당시 중국에 까지 이름을 날리던 서화(書畵)의 대가(大家)인 추사(秋史)에게 호평을 받은 이 화가는 얼마나 행복했을까. 또한 칭찬은 이렇게 화끈하게 하는 것이라는 것을 배울 수 있다.

눈 속에 핀 매화를 보며 梅花(매화)

홍원주(洪原周, 조선)

이 겨울에 그대 홀로 이른 봄빛
성긴 가지 끝에 달빛 걸치고
건듯 바람에 조용히 향기 뿌린다
아름다운 그대 눈 속에 핀 꽃

獨擅春光早(독천춘광조)
疎枝帶月斜(소지대월사)
隨風暗香動(수풍암향동)
玉樹雪中花(옥수설중화)

* 擅(천) : 제 멋대로 하다. 여기서는 오로지의 뜻으로 쓰임.
* 疎枝帶月斜(소지대월사) : 직역하면, 성긴 가지가 달빛을 두르고 비스듬히 늘어져 있다.

선구자는 깜깜한 한밤중에 새벽이 가까이 왔음을 알고 차가운 눈보라 속에서 봄이 멀지 않다는 것을 안다. 한겨울에 피는 매화는 그래서 선구자다. 그러나 이 시 속의 매화는 투쟁만 하는 선구자가 아니다. 달빛으로 멋을 내기도 하는 낭만파이자 그윽한 향기를 풍기는 고매한 인격자다. 지난 군사독재 시절 민주화를 위해 투쟁하던 선구자들 중에 많은 이들이 현실정치에 몸담고 있다. 오물과 분진으로 뒤덮여 더러워진 정치판에서 홀로 깨끗하기는 여간 어려운 일이 아니겠지만, 그들이 이 매화처럼 시대를 앞서가는 선구자이자 깨끗하고 향기로운 사람이 되어주기를 기대해 본다. 눈 속에 핀 꽃, 아름다운 그대여.

흰 매화를 보며 白梅(백매)

왕만(王晩, 원나라)

눈 덮인 숲 속에 이 몸을 피우노니
먼지 낀 복사꽃 오얏꽃 향과 다르노라
홀연 한밤중에 맑은 향기 일어나
천지에 흩날리니 만리가 봄이로다

氷雪林中著此身(빙설림중착차신)
不同桃李混芳塵(부동도리혼방진)
忽然一夜淸香發(홀연일야청향발)
散作乾坤萬里春(산작건곤만리춘)

* 白梅(백매) : 나뭇가지에 쌓인 눈처럼 소담스럽게 핀 매화.
* 桃李(도리) : 복사꽃과 오얏꽃. 꽃 모양은 매화와 비슷하나 속세에서 핀다.
* 乾坤(건곤) : 하늘과 땅. 온 세상. 음양(陰陽).

엄동설한(嚴冬雪寒)에 흰색 또는 연분홍색 꽃을 피우는 매화는 지조(志操)와 절개(節槪)의 상징이며, 탐스러우면서도 고고한 자태로 탈속(脫俗)의 경지를 갖추어 임금이나 신선(神仙), 또는 사랑하는 임을 의미한다. 이퇴계 선생은 매화분(梅花盆)을 항상 방안에 놓아두고 매형(梅兄)이라 부르며 마치 형제를 대하듯 하였다 한다. 임종하기 직전에도 옆에 있는 제자에게 매화분(梅花盆)에 물을 주라고 할 정도로 정성을 다했다. 또한 매화는 양기(陽氣) 즉 강한 생명력을 의미하고, 가끔은 육감적인 여인으로 비유되기도 한다. 이 시에서는 매화의 속세를 벗어난 기품과 봄을 몰고 오는 강렬한 생명력을 찬양하고 있다.

이별

벗을 떠나보내며 送人(송인)

정지상(鄭知常, 고려)

비 개인 긴 둑에 풀빛은 고운데
님 보내는 남포에 슬픈 노래 흐른다
대동강 물 언제고 마를 날 없네
해마다 이별의 눈물 푸른 물결에 넘치니

雨歇長堤草色多(우헐장제초색다)
送君南浦動悲歌(송군남포동비가)
大同江水何時盡(대동강수하시진)
別淚年年添綠波(별루년년첨록파)

* 歇(헐) : 쉬다. 나른하다. 다하다[竭]. 스러지다[消]. 흩어지다[散].
* 南浦(남포) : 실제 지명이 아님. 이별의 장소를 상징하며, 굴원(屈原)의 시 '送美人兮南浦'에서 유래함.

우리 민족 오천 년 역사에 걸출한 인물이 많았지만 정지상(鄭知常)만큼 능력에 비해 잘 알려지지 않은 인물도 없을 것이다. 그는 삼국사기를 쓴 김부식과 동시대 사람인데 학식과 글재주 뿐 아니라 정치철학에서도 김부식을 능가한다. 고려도 왕을 황제로 칭할 것과 요나라 정벌을 주장하였다. 결국 묘청의 난에 연루되어 정적이자 라이벌인 김부식에게 참살되고 말았다. 이 시는 정지상의 대표작으로 조선시대부터 평양 대동강 강가에 있는 연광정에 편액(扁額)으로 걸어 놓아 많은 이들에게 사랑을 받아왔다. 비 개인 봄날 화창한 날씨가 슬픈 이별가(離別歌)와 대비되어 사람들의 심금(心琴)을 울린다. 또한 대동강의 아름다운 경치와 푸른 물결에 눈물이 보태지면서 찬란한 슬픔의 봄이 완성된다.

벗을 보내며 1 送人1(송인1)

정도전(鄭道傳, 고려 말~조선 초)

쓸쓸하다 바다 바람
아득하다 산마루 비
비바람은 여전한데
길손은 포구를 떠난다

蕭蕭海上風(소소해상풍)
杳杳山頭雨(묘묘산두우)
風雨無休時(풍우무휴시)
行人發前浦(행인발전포)

* 蕭(소) : 쑥. 쓸쓸하다. 바람소리. 말울음소리. 簫(소)는 퉁소.
* 杳(묘) : 아득하다. 깊다. 너그럽다. 고요하다.

떠나가는 사람이 촌음(寸陰)을 다투는 급한 일이 있나 보다. 지금 세상처럼 시분(時分)을 쪼개어 사는 세상이 아닐 적인데 말이다. 길을 떠나려 일어섰다가도 비가 오면 하루 이틀은 그냥 주저앉는 시절이었는데 나름대로 피치 못할 이유가 있을 테지만 보내는 사람의 마음은 절대 편하지 못했을 것이다. 그 안타까운 마음을 호들갑 떨지 않고 짐짓 담담하게 표현했다. 떠나는 사람을 배웅하러 포구에 나와 바다 쪽을 보니 쓸쓸한 바람뿐이요, 뒤 돌아 산을 보니 아득한 구름이라. 어디 한군데도 편안하게 마음 둘 곳이 없는 상황이다. 큰일을 도모하는 사람들에게 일신(一身)의 평안(平安)은 잠시 접어 두어야 할 사치(奢侈) 아니겠는가. 나를 버리고 큰일에 몰두하는 사람은 아름답다.

벗을 보내며 2 送人2(송인2)

정도전(鄭道傳, 고려 말~조선 초)

고갯마루 구름은 절로 정답건만
산 아래 계곡물은 달갑지 않네
구름은 떠나가다 산으로 돌아오건만
흘러간 물은 물가로 다시 오지 않네

祇愛嶺頭雲(기애영두운)
生憎山下水(생증산하수)
雲去復回山(운거부회산)
水流無回沚(수류무회지)

* 祇(기) : 평안하다. 크다. 땅의 귀신. 祈(기도할 기)와 혼돈하지 말 것.
* 憎(증) : 미워하다.
* 復(부) : 다시 부. 돌아올 복.
* 沚(지) : 물가. 모래톱.

구름도 개울물과 같은 물에서 나온 것이다. 구름이 비가 되어 땅으로 내려오면 낮은 곳으로 모여 개울을 만들고 흘러가다 여러 줄기가 모여 강물이 되고 결국은 큰 바다를 이룬다. 그 과정에서 어떤 물은 수증기가 되어 다시 하늘로 올라 구름이 되기도 한다. 이 세상에서 다시 돌아오지 않는 것은 없다. 시간조차도 빛보다 빠르게 움직이면 뒤로 간다고 한다. 이 우주 역시 계속하여 한 방향으로 나가다 보면 자기가 서있던 자리로 되돌아오게 된단다. 영겁(永劫)의 윤회(輪廻)를 정도전이 모르진 않았을 것이다. 우리가 시를 읽으면서 때로는 가볍게 넘겨야 할 경우가 있다. "여보게, 우리 다시 봄세. 돌아오지 않음 미워 할거야." 이별이 없는 재회(再會)란 있을 수 없다. 그럼 재회 없는 이별은 어떨까?

가을 秋(추)

허초희(許楚姬, 조선)

연못가의 버들잎 시들어 가고
우물 속으로 오동잎 떨어지네
주렴 밖엔 철만난 벌레 소리
찬 바람에 비단이불 얇아졌네

池頭楊柳疎(지두양류소)
井上梧桐落(정상오동락)
簾外候蟲聲(렴외후충성)
天寒錦衾薄(천한금금박)

* 蘭雪軒 許楚姬(난설헌 허초희) : 난설헌은 호, 본명은 초희. 시와 그림이 뛰어났으며, 《홍길동전》을 쓴 허균의 누이.
* 楊柳疎(양류소) : 갯버들 양, 수양버들 류. 양류(楊柳)는 버드나무. 疎(소)는 疏(소)와 같은 뜻.
* 簾(렴) : 발.
* 候蟲(후충) : 철에 따라 나오는 벌레. 봄철의 나비, 가을의 귀뚜라미 같은 것.
* 錦衾(금금) : 비단 금, 이불 금. 즉 비단이불.

제법 쌀쌀하다. 겨울이 한 발 앞으로 성큼 다가오고 있다. 연못가의 버들은 잎이 떨어져 빈 가지만 흔들고 있다. 오동잎이 한 잎 두 잎 떨어지는 가을밤이다. 창 밖에서는 귀뚜라미 소리가 쓸쓸하다. 늦가을의 심란한 풍경을 그린 앞의 세 구절은 마지막 구절을 위한 무대장치다. 얇은 이불이 시인의 마음이다. 이불이 얇게 느껴지는 것은 날씨가 추워져서 만이 아니다. 옆에 누워 있어야할 님이 없는 탓이다. 혼자 누워 밤늦도록 잠 못 이루는 외로운 여인, 난설헌(蘭雪軒) 허초희는 부부 사이가 좋지 못해 오랜 세월을 남편과 떨어져 살았다.

님과 이별하며 惜別(석별)

두목(杜牧, 당나라)

애틋한 정 숨기고 무심한 척 하지만
술잔 놓고 네 생각에 웃을 수는 없구나
촛불은 내 대신 이별이 아쉬워
제 몸 태워 눈물 드리우며 날 밝힌다

多情却似總無情(다정각사총무정)
惟覺樽前笑不成(유각준전소불성)
蠟燭有心還惜別(납촉유심환석별)
替入垂淚到天明(체입수루도천명)

* 情(정) : 현재는 '사랑'이란 뜻으로 많이 쓰지만, 원래의 뜻은 마음의 움직임 또는 마음의 상태임. 性(성)은 타고난 본연의 마음, 情(정)은 외부의 자극으로 일어나는 마음.
* 却似(각사) : 도리어~와 같다. 반대로 ~하는 척하다.
* 替入(체입) : (촛불이 다 타서 초를) 바꾸어 꽂다.

예로부터 우리는 감정표현을 절제하도록 교육받아 왔다. 비단 우리 민족뿐만 아니라 유교권의 공통적인 특성 중에 하나다. 희노애락(喜怒哀樂)을 즉각적이고 직설적으로 표출하는 것을 경박스럽다하여 부끄럽게 여겨왔다. 더 나가서 슬프거나 괴로워도 흔연(欣然)하게 웃거나 적어도 무표정을 유지해야만 대인(大人)의 풍모를 갖추었다고 칭송을 받았다. 떠나는 사람이 누군지는 모르겠으나 마주 앉아 이별주를 마시며 무심한 척은 하겠는데 도저히 웃을 수는 없단다. 겨우 나오려는 눈물을 참을 뿐이다. 어쩔 수 없이 이 술자리를 밝히는 촛불에 시인의 마음을 담았다. 날이 밝도록 촛불만이 눈물을 흘리며 이 사람들의 이별을 대신 울어 주고 있다. 이별을 읊은 많은 시들 중 군계일학(群鷄一鶴)격이다.

강 위에서 江上(강상)

왕안석(王安石, 송나라)

강물은 서풍에 출렁이고
강꽃은 저녁 어스름에 더욱 붉다
젓대에 실린 이별의 설움
멀리 산동까지 어지럽힌다

江水漾西風(강수양서풍)
江花脫晚紅(강화탈만홍)
離情被橫笛(이정피횡적)
吹過亂山東(취과란산동)

* 漾(양) : 출렁거릴 양.
* 脫晚紅(탈만홍) : 해질 녘에 핀 꽃이 더욱 붉다.
* 橫笛(횡적) : 가로 피리, 젓대.

강물이 서풍에 출렁인다. 서풍은 가을을 나타낸다. 동풍은 봄이요, 남북은 각각 여름과 겨울을 뜻한다. 출렁거리는 강물은 이 시인의 마음이다. 감정이 복잡하고 불안한 상태다. 후반부에 나오는 이별을 암시하고 있다. 때는 가을 녘 석양이고 장소는 강 위다. 이 역시 쓸쓸하고 왠지 심란한 느낌이다. 강변에 피어 있는 붉은 꽃은 저녁놀을 받아 더욱 빨갛다. 무심한 강꽃은 이별의 슬픔을 모른 채 홀로 붉게 피어 있으니 이 시인의 마음이 더욱 처량하다. 헤어지는 님에게 석별의 정을 담아 피리를 불어주니 온 세상이 슬픔에 싸여 흔들거린다. 왕안석은 북송시대 개혁정치가였으며 만년에는 이 시처럼 서정적인 시를 많이 지었다.

칠석날에 七夕(칠석)

장옥진(張玉珍, 당나라)

이끼 낀 섬돌 위로 실처럼 내리는 비
귀뚜라미 소리가 가을을 알리는데
인간사야 모두가 정으로 얽혔으되
하늘에야 어찌 이별이 있으랴

綠潤苔階雨作絲(녹윤태계우작사)
蟲聲喞喞報秋期(충성직직보추기)
人間萬事皆情累(인간만사개정루)
天上何曾感別離(천상하증감별리)

* 潤(윤) : 윤택하다. 젖다. 불다.
* 苔(태) : 이끼.
* 喞喞(직직) : 벌레 우는 소리(의성어).
* 皆(개) : 모두. 다.
* 累(루) : 얽히다. 포개다. 더하다.

구르는 돌에는 이끼가 끼지 않는 것처럼 사람으로 북적거리는 집 섬돌에 이끼 끼겠나. 혼자 사는 사람이 오랜만에 빈집에 돌아왔거나 찾아오는 이 하나 없이 외롭게 사는 사람임에 틀림없다. 비오는 칠석날 밤 썰렁한 집에서 홀로 잠 못 드니 성급하게 가을을 알리는 철 이른 귀뚜라미 소리가 빗소리와 어울려 더욱 처량하다. 인간 세상의 모든 일이 정으로 서로 얽혀 있어, 만나고 헤어지면서 서로 사랑하고 미워하며, 기쁨과 슬픔에 때로는 외로움과 그리움에 꽁꽁 묶여 헤어나지 못하고 사는 게 인간이다. 그러나 하늘 위에 있는 신선(神仙)세계에는 인간 속세(俗世)와는 달리 그러한 번민(煩悶)이 없을 터인데 어찌하여 이 주인공의 마음을 아는 듯 서글픈 비를 뿌려 주는가.

술잔을 들며 凉州詞(양주사)

왕한(王翰, 당나라)

야광 술잔에 맛 좋은 포도주
말 위에서 들리는 비파 소리가 술맛을 돋우네
취해 모래밭에 누웠다고 그대여 웃지 말게나
옛부터 전쟁에 나갔다 돌아온 이 몇이나 되나

葡萄美酒夜光杯(포도미주야광배)
欲飮琵琶馬上催(욕음비파마상최)
醉臥沙場君莫笑(취와사장군막소)
古來征戰幾人歸(고래정전기인귀)

* 催(최) : 재촉하다. 여기서는 모임을 열다라는 뜻(開催, 主催).
* 莫(막) : 없을 막(無). 여기서는 하지 말 막(禁止의 뜻).
* 幾(기) : 빌미, 기틀, 때, 거의, 어찌, 얼마, 몇 등 여러 뜻으로 쓰임.
* 幾人(기인) : 몇 사람.

   예나 지금이나 군대에 가기 전에 친구들이 송별연을 열어 주는 것은 마찬가지인가 보다. 전쟁터에 나가는 친구를 위해 강가에다 호화로운 술판을 벌렸다. 야광 술잔에 맛 좋은 술을 따라 마신다. 악사는 말을 탄 채 비파를 연주하며 취흥을 돋운다. 그러나 이런 호화로운 술판이 무슨 소용이란 말인가? 전쟁터로 나갈 주인공은 술에 취해 백사장에 눕는다. 그리고 쓸쓸한 말 한마디 뱉는다.
   "이 사람아, 전쟁터에 나갔다 몇 사람이나 살아서 돌아왔었나? 나 그냥 놔두게"
   거창한 송별연으로 미루어 보아 주인공은 귀족 같다. '노블리스 오블리제'가 떠오르는 것은 비약일까?

떠나는 마음 別情人(별정인)

정포(鄭誧, 고려)

새벽 등불 아래 화장기 남은 님의 얼굴 보며
떠난다 말하려니 마음이 너무 아파
달 그림자 반 쯤 드리운 뜰로 나왔더니
살구꽃 성긴 그림자만 옷자락에 가득

　　五更燈燭照殘粧(오경등촉조잔장)
　　欲話別離先斷腸(욕화별리선단장)
　　落月半庭推戶出(낙월반정추호출)
　　杏花疎影滿衣裳(행화소영만의상)

* 五更(오경) : 오전 3시에서 5시. 하룻밤을 다섯으로 나눈 마지막 시간.
* 殘粧(잔장) : 화장기가 남은 얼굴, 즉 여인을 의미함.

　달 그림자 반 쯤 드리운 뜰, 그 뜰에 살구꽃 그림자. 방 안에는 아무 것도 모르고 잠 만 자는 천진한 여인. 며칠 전부터 이별을 말해주려고 이제나 저제나 하며 망설이다가 차마 꺼내지 못하고 드디어는 오늘이 마지막 밤이 되고 말았다. 자는 이를 깨워서 떠나야 한다고 말하려니 애가 끊어지는 듯 하다. 밤이 다 가도록 잠들지 못하고 갑갑한 마음을 식히려 방문을 열고 뜰로 나서니 이미 반 쯤 기운 달이 살구꽃을 비춘다. 그 성긴 꽃 그림자가 이 시인에 옷에 점점이 찍힌다. 지방관으로 내려가 그 곳 관기와 흠뻑 정이 들었다가 임기를 마치고 떠나는 이 원님은 그렇다 치고 날이 밝으면 청천벽력(靑天霹靂) 같은 이별을 해야 하는 이 여인은 어찌하란 말인가.

초생달을 보며 - 詠初月(영초월)

황진이(黃眞伊, 조선)

그 누가 곤륜산의 백옥을 쪼개어
직녀의 얼레빗을 만들었나
견우총각 한 번 떠나간 뒤에
속상해 빈 하늘에 던진 거라네

誰斷崑崙玉(수단곤륜옥)
裁成織女梳(재성직녀소)
牽牛一去後(견우일거후)
愁擲碧空虛(수척벽공허)

* 誰(수) : 누구.
* 梳(소) : 빗, 머리를 빗다.
* 擲(척) : 던지다. 擲栖(척사): 윷. 윷놀이.

　칠석날 밤중에 내리는 비는 직녀와 견우의 눈물인 것을 누구나 안다. 그러나 만약 비는 아니 오고 반달이 휘영청 떠있으면, 그 달이 직녀가 내던진 얼레빗인줄 아는 이는 많지 않으리라. 시대를 초월하여 뭇 남자들의 가슴에 연인으로 자리한 황진이의 감수성이 반달을 이별이 슬픈 얼레빗으로 상징화시켰다. 견우가 떠난 뒤 머리 빗고 화장할 일 없다고 직녀가 던져 버린 빗이 반달이 되었단다. 황진이는 얼레빗을 몇 개나 허공에 던졌을까? 중국 당나라 때 작자 미상의 시를 황진이가 직녀를 끌어다 개작(리모델링)한 것이다. 이 시의 원전은 다음과 같다. '誰探崑山玉//功成一半梳//自從離別後//愁亂擲空虛(그 누가 곤륜산 옥을 캐어/예쁜 얼레빗을 만들었나/날 두고 임 떠난 뒤에/심란하여 허공에 던진 거라네)'

벗과 헤어지며 別董大(별동대)

고적(高適, 당나라)

천리가 먹구름 한낮인데도 어둡고
북풍에 기러기 날며 눈발만 날린다
갈 길에 친구 없다 걱정하지 말게나
이 세상 그 누가 그대를 모를 건가

千里黃雲白日曛(천리황운백일훈)
北風吹雁雪紛紛(북풍취안설분분)
莫愁前路無知己(막수전로무지기)
天下誰人不識君(천하수인불식군)

* 董大(동대) : 동대인(董大人)의 준말. 대인(大人)은 상대를 높이는 호칭.
* 曛(훈) : 어두컴컴하다, 땅거미.
* 知己(지기) : 1)자기를 알아주는 사람 2)참된 친구. 이 시에서 동정란은 2)에, 작가 고적은 1)에 무게를 두었다.

하늘엔 온통 두꺼운 먹구름이 낮게 깔려 한낮인데도 땅거미 지는 저녁처럼 어둡다. 북쪽으로부터 찬바람이 불어 닥친다. 북풍을 타고 기러기 떼가 남으로 날아간다. 드디어 함박눈이 온 세상에 가득 날린다. 음산하고 한기가 도는 중원(中原)의 전형적인 겨울 날씨다. 조만간 헤어져야 할 두 사람의 심사(心事)를 날씨가 대변하는 듯하다. 서로 막역한 사이인 이 시인과 당나라의 유명한 가수 동정란(董庭蘭)이 마주 앉아 이별주를 나누고 있다. 알아주는 사람도 없는 낯선 고장에 가서 어떻게 지낼까 걱정하는 이 가수에게 당신의 노래실력을 어느 누가 몰라주겠나 하며 위로하고 있다. 요즘처럼 방송매체가 발달한 시대에는 이해할 수 없는 말이지만 그 당시 중국 변방 사람들은 동정란 이름만 알았지 노래를 들어본 사람은 드물었을 것이다.

헤어짐을 아쉬워하며 別李禮長(별이예장)

이달(李達, 조선)

밤안개 속으로 오동꽃잎 떨어지고
바닷가 나무 위로 봄 구름이 허허롭네
풀밭에서 한 잔 술로 이별을 달래노니
서울에서 우리 언제 다시 만나세 그려

　桐花夜煙洛(동화야연락)
　海樹春雲空(해수춘운공)
　芳草一杯別(방초일배별)
　相逢京洛中(상봉경락중)

* 芳草(방초) : 향기로운 풀.
* 京洛(경락) : 서울.

　언제 지켜질지 모르는 떠돌이의 약속은 공허하다. 그러기에 더욱 쓸쓸하다. "서울에서 우리 언제 다시 보세 그려." 객지에서 잠깐 같이 지내던 친구와 헤어지는 밤이다. 안개가 자욱한 바닷가의 나지막한 동산에서 오동나무가 피눈물을 흘리듯 꽃잎을 소리없이 날려보낸다. 청승맞은 그 광경이 싫어 눈을 돌려 하늘을 쳐다보니 안개 때문에 아무 것도 보이지 않는다. 이별을 앞 둔 서운하고 허전한 마음을 떨어지는 꽃잎과 안개에 가려 보이지 않는 하늘로 표현한 이 시를 구운몽의 작가 김만중은 조선 최고의 오언절구(五言絶句)라고 평했다. 芳草一杯別(방초일배별)이 이 시의 핵심이자 뼈대라면 전반부는 피와 살이라 할 수 있고, 마지막 구절은 이 시에 영혼(靈魂)을 불어 넣고 있다. 언제 지켜질지 모르는 공허한 약속의 쓸쓸함이 이 이별을 더욱 서글퍼지게 한다.

죽은 처를 귀양지에서 애도함 配所輓妻裳(배소만처상)

김정희(金正喜, 조선)

월로시여 염라대왕께 소원 하나 빌어 주오
다음 세상에는 부부가 서로 바꿔 맺어지도록
천리 밖에서 내가 죽고 그대는 살아서
내 마음 이 슬픔 그대가 알 수 있도록

  那將月老訟冥司(나장월로송명사)
  來世夫妻易地爲(래세부처역지위)
  我死君生千里外(아사군생천리외)
  使君知我此心悲(사군지아차심비)

* 配所(배소) : 귀양살이 하는 곳.
* 輓(만) : 애당초 끌어당기다라는 뜻이지만, 만가(輓歌=애도의 노래)나 만장(輓章=애도하는 글. 상여 뒤에 따르는 휘장) 등과 같이 애도의 뜻.
* 月老(월로) : 부부의 연을 맺어 주는 신. 월하로인(月下老人)의 준말.
* 冥司(명사) : 염라대왕.

추사 김정희가 제주도에서 유배생활을 하던 중 부인이 사망했다. 몸이 아프다는 소식은 들었지만 이렇게 빨리 이승을 떠날 줄은 미처 몰랐다. 같은 하늘 아래지만 만나 본지 벌써 여러 해 이게 생이별이다. 같이 살다 사별해도 슬픈데 생이별 중에 사별이라니 웬 말인가. 來世(내세)에는 서로 입장이 바뀌어 이 슬픈 마음을 당신이 꼭 알아야 한다고 넋두리한다. 찢어지는 가슴을 부여잡고 혼자서 소리죽여 뜨거운 눈물을 흘린 것이다.

산 속에서 헤어지면서 山中送別(산중송별)

왕유(王維, 당나라)

산 속에서 그대를 보내고 홀로 돌아오니
해가 저물어 사립문을 잠그노라
저 풀들은 내년 봄에도 다시 푸르겠지만
떠나간 그대는 돌아올지 못 돌아올지

　　山中相送罷(산중상송파)
　　日暮掩柴扉(일모엄시비)
　　春草明年綠(춘초명년록)
　　王孫歸不歸(왕손귀불귀)

* 掩(엄) : 잠그다. 거두다.
* 柴扉(시비) : 작대기로 얽어 만든 사립문.
* 王孫(왕손) : 여기서는 왕의 자손이 아니고, 귀한 친구라는 뜻으로 쓰임.

　이별 중에 어찌 좋은 이별이 있으랴만 이 시의 이별은 상당히 걱정스럽다. 친구가 언제 돌아올지 모르는 귀양살이를 떠나는 지, 혹은 목숨 보전하기 어려운 전쟁터로 나가는지 모르겠으나 마지막 구의 귀불귀(歸不歸)가 몹시 불길한 예감을 준다. 독자들로 하여금 매우 안타까운 마음이 들게 만드는 구절이다. 이른 새벽 아침을 든든히 먹은 뒤 술과 음식을 주섬주섬 담아 길 떠나는 친구와 함께 마을을 나선다. 해가 중천에 오르자 걸음을 멈추고 산 속에서 마주 앉아 점심을 나눠 먹는다. 이제 더 이상 같이 갈 수가 없다. 해 떨어지기 전에 집에 돌아와야 되니까. 해 질 녘 집에 돌아와 허전한 마음에 시 한 수를 읊었다. "봄 풀은 내년에도 다시 푸르겠지만 친구는 돌아올지 못 올지" 라고.

최흥종과 헤어지며 留別崔興宗(유별최흥종)

왕유(王維, 당나라)

말을 세워 놓고 헤어지려 하니
궁궐 문 밖의 날씨는 맑고도 춥다
앞산 경치 수려하고 아름답건만
나 혼자 떠나려니 더욱 애달퍼라

駐馬欲分襟(주마욕분금)
淸寒御溝上(청한어구상)
前山景氣佳(전산경기가)
獨往還惆愴(독왕환추창)

* 留別(유별) : 떠나는 사람이 남은 사람 사람에게 작별함.
* 分襟(분금) : 옷깃을 나누다. 즉 헤어지다.
* 景氣(경기) : 경치와 기세. 현재는 경제상황의 뜻으로 쓰임.
* 惆愴(추창) : 근심하고 슬퍼함.

겨울은 졸업식의 계절이다. 정다운 친구들과 고마우신 선생님들, 정들었던 교정을 뒤로 하고 떠나는 마음은 애틋한 석별의 정한(情恨)이다. 졸업식 날은 왜 그리도 춥던지, 몸도 마음도 모두 꽁꽁 얼었던 기억이 난다. 요즘 도시의 학교는 주변이 아파트나 빌딩으로 에워싸여 있지만, 전에는 학교마다 앞이든 뒤든 큰 산이 보이게 마련이었다. 대부분의 학교의 교가에는 이런 산 이름이 나온다. 학교를 떠나면서 이 산을 한 번 쳐다봤을 것이다. 앞산의 모습 속에 학우들과 스승의 모습, 그리고 학창시절의 모든 추억을 담아 놓고 떠나는 마음이 애달펐다. 작금의 현상이 아니고 5, 60년대 이야기다.

벗을 떠나보내며 芙蓉樓送辛漸(부용루송신점)

왕창령(王昌齡, 당나라)

차가운 밤비 강물 따라 오 땅으로 흐르고
그대를 보내는 새벽, 초나라 산들이 외롭다
낙양의 벗들이 내 안부를 묻거든
얼음처럼 맑은 마음 옥병 속에 간직했다 말하게

寒雨連江夜入吳(한우연강야입오)
平明送客楚山孤(평명송객초산고)
落陽親友如相問(낙양친우여상문)
一片氷心在玉壺(일편빙심재옥호)

* 平明(평명) : 새벽, 여명, 公平하고 正明하다는 뜻도 있음. 둘째 구에서는 새벽이란 뜻으로 썼으나, 넷째 구의 氷心과 뜻이 연결된다.
* 氷心(빙심) : 맑고 깨끗한 마음.

　부용루는 강소성에 있는 정자다. 이곳에서 낙양으로 떠나는 친구 신점을 전송한다. 밤 새워 이별주를 나누는데 찬비가 내려 더욱 심란하다. 빗물은 양자강 강물에 합해져 동쪽으로 흘러가는데 새벽이 되면 벗은 낙양을 향해 서쪽으로 떠난다. 빗물은 시인이고, 떠나는 벗은 초산(楚山)이다. 첫 구와 둘째 구는 이별의 쓸쓸함을 표현하였고 후반부에서는 시인 자신의 마음을 나타낸다. 옥 항아리 속의 한 조각 얼음 같은 마음이란 관직에 있으면서 곧고 깨끗함, 즉 청렴강직(淸廉剛直)을 표현하는 말이다. 直如朱絲繩 淸如玉壺氷(직여주사승 청여옥호빙)이라, 곧기는 먹줄 같고 맑기는 얼음 같다는 백두음(白頭吟)에 나오는 이 구절에서 따온 말이다.

옥피리소리를 들으며 與中欽(여중흠)

이백(李白, 당나라)

귀양살이 신세되어 장사로 가는 길
서쪽으로 장안을 봐도 집은 안 보이고
황학루에서 들려오는 옥피리 소리
강성의 오월 매화는 지는데

　　一爲遷客去長沙(일위천객거장사)
　　西望長安不見家(서망장안불견가)
　　黃鶴樓中吹玉笛(황학루중취옥적)
　　江城五月落梅花(강성오월락매화)

* 爲(위) : 행하다, 위하다, 여기서는 당하다, ~가 되다 라는 뜻.
* 遷客(천객) : 귀양살이 하는 사람.
* 哀而不悲(애이불비) : 슬퍼도 비탄에 빠지지 않는다. 슬프기는 하나 겉으로는 내색하지 않는다. 《논어》의 樂而不淫 哀而不傷(낙이불음 애이불상)에서 나온 말.

이 시의 원래 제목은 與史郞中欽 聽黃鶴樓上 吹笛(여사랑중흠 청황학루상 취적)이다. '사랑(史郞) 중흠(中欽)에게 바치며, 황학루 위의 피리소리를 듣다' 라는 뜻이다. 사랑(史郞) 벼슬을 하던 중흠이라는 분이 귀양살이 하러 장사(長沙)로 떠나는데 이백(李白)이 환송하러 나와 시를 한 수 읊은 것이다. 그 동안 정들었던 장안(長安)을 떠나며 뒤돌아보니 집은 보이지 않고 황학루(黃鶴樓) 위에서 누군가가 부는 피리소리만 구슬프게 들린다. 때는 음력 오월이라 매화꽃이 떨어진다. 매화처럼 매력적인 사람 중흠(中欽)도 멀리 떠나는구나 하고 탄식하고 있다. 심란하고 서운한 석별(惜別)의 정(情)이 아릿하게 스미는 듯하다. 《논어》에 나오는 애이불비(哀而不悲)의 경지다.

우
정

책 상 을 보 내 며 以烏机遣容齋(이오궤견용재)

박은(朴誾, 조선)

용재의 집 낡고 변변한 가재 없어도
단지 평생 읽어 온 책 만 권은 있어
홀로 이 책상에 기대어 성현을 만나리니
개인 날 저녁 바람에 새소리 넉넉하리라

容齋廖落無長物(용재료락무장물)
唯有平生萬卷書(유유평생만권서)
獨倚烏皮對聖賢(독의오피대성현)
晩風晴日鳥聲餘(만풍청일조성여)

* 烏机(오궤) : 까마귀 烏(오), 책상 机(궤). 검정 옻칠한 책상.
* 長物(장물) : 불필요한 물건. 선비에게 안 어울리는 사치품.
* 烏皮(오피) : 까마귀 가죽. 여기서는 책상, 즉 烏机(오궤)를 말함.

지은이인 박은(朴誾)과 이행(李荇)은 친구 사이다. 이행(李荇)의 호가 용재(容齋)다. 모두 조선시대 선비들이다. 집안이 넉넉했던 박은이 가난한 친구 이행에게 책상을 선물로 보내며 함께 부친 시다. 진정한 선비는 재물을 탐하지 않았다. 오로지 인격과 학식으로 고고한 향취를 풍기고자 스스로 노력했다. 다만 많은 책, 진귀한 책을 가지고 있는 것은 서로 부러워하고 자랑하기도 했다. 책이 곧 성현이다. 책 속에 성현의 말씀이 담겨 있고, 성현의 말씀은 성현의 생각이며 성현 자신이니까. 그래서 책을 읽으면 성현을 만나는 게 된다. 성현을 만나면 마음이 맑게 개이고 시원해지며 여유로워진다.

벗과 더불어 與友(여우)

최기남(崔奇男, 조선)

손수 빚은 술병 차고 얼어붙은 길을 따라
쓸쓸한 바닷가로 나를 찾아 왔구려
술잔을 마주하고 한바탕 웃어대니
눈 속에서 문득 봄기운이 돋는구려

冬路携家釀(동로휴가양)
來尋寂寞濱(래심적막빈)
樽前一相笑(준전일상소)
雪裏便生春(설리변생춘)

* 家釀(가양) : 가양주의 준말. 집에서 빚은 술.
* 濱(빈) : 물가. 바닷가.
* 樽(준) : 술단지. 술잔.
* 便(변) : 편할 편. 소식 편. 오줌 변. 여기서는 문득 변으로 씀.

이 엄동설한(嚴冬雪寒)에 얼어붙은 길을 따라 바닷가 외딴집까지 집에서 빚은 맛 좋은 술 한 동이를 등에 짊어지고 친구가 찾아왔다. 가난한 살림에 조촐한 주안상일망정 정성을 다해서 차려 놓고 마주 앉으니 새삼 반갑고 또한 고맙다. 술과 친구는 묵을수록 좋다고 했다. 맛난 술과 좋은 친구가 함께 있으니 어찌 웃음이 안 나올까. 서로 마주보고 파안대소(破顔大笑)하니 밖은 한겨울이지만 방안에는 훈훈한 봄기운이 감돈다. 시 한 수가 절로 나온다. 최기남은 머슴 출신이다. 부마(駙馬)가 된 주인집 아들의 몸종으로 궁중생활을 하기도 했다. 만년에는 한적한 시골에서 훈장을 했고, 한시를 좋아하는 평민시인들과 교유하며 함께 시집을 내기도 하였다.

매화맞이 梅花(매화)

서거정(徐居正, 조선)

매화는 눈 같고 눈이 곧 매화려니
하얗게 눈 오면 매화 곧 필터이다
천지간 맑은 기운 눈과 매화 한가지니
모쪼록 눈 밟으며 매화 보러 오사이다

　　梅花如雪雪如梅(매화여설설여매)
　　白雪前頭梅正開(백설전두매정개)
　　知是乾坤一淸氣(지시건곤일청기)
　　也須踏雪看梅來(야수답설간매래)

* 知是(지시) : 이것을 안다. 이것은 건곤일청기(乾坤一淸氣)를 가르킴(이 시의 핵심 주제).
* 也須(야수) : 아무쪼록. 진짜 꼭. 야(也)는 강조하는 어조사. 수(須)는 모름지기.

매화는 눈 내리는 겨울에 피어난다. 하얀 매화 꽃잎은 눈처럼 차고 맑다. 소리 없이 사뿐히 내리는 눈송이는 매화처럼 맑고 차다. 하늘의 맑은 기운이 하나로 엉켜서 눈이 되고 땅속의 맑은 기운이 솟아올라 매화가 되었다. 하늘의 정기(精氣)는 눈이 되어 땅 위에 쌓였고, 땅의 정기(精氣)는 매화가 되어 공중에 매달렸으니 이는 기(氣)의 순환(循環)을 우리에게 가르쳐 주고 있다. 하늘의 정기는 밟고 땅의 정기는 쳐다보니 이 역시 흐르고 바뀌는 이(理)와 기(氣)의 운행이다. 하늘과 땅의 맑은 기운이 모여 눈에 보이는 물체로 현신(現身), 즉 나타난 눈과 매화는 예부터 선비들에게 맑은 영혼으로 우주와 시간의 유전(流轉)을 살펴보라는 깨달음의 모티브가 되어 왔다.

인운 스님에게 贈因雲釋(증인운석)

이달(李達, 조선)

절간이 흰 구름에 묻혀 있구려
구름을 스님은 치우지 않았네요
손이 오고서야 절 문이 열리고
골짜기 마다 송화는 쇠었네요

寺在白雲中(사재백운중)
白雲僧不掃(백운승불소)
客來門始開(객래문시개)
萬壑松花老(만학송화로)

* 釋(석) : 석가모니(부처의 이름)의 준말. 여기서는 중을 뜻함.
* 白雲(백운) : 1)흰 구름 2)절 방 윗목의 손님 자리를 표시하는 말. 둘째 구의 白雲不掃(백운불소)는 손님을 쫓아내지 않고 받아줬다는 뜻도 가짐.
* 始(시) : 비로소.
* 壑(학) : 골짜기.

송화 가루 날리던 윤사월이 가고 어느덧 여름이다. 하얀 구름에 묻혀 있는 절간이 정갈하고 성스럽다. 참선에 몰입한 스님은 속세의 때가 범접하는 게 싫어 문을 걸어 잠갔다. 스님이 보고 싶어 찾아간 손님은 참선을 방해한 게 미안해서 객 적은 말로 수작을 건다. "벌써 송화가 다 쇠아버렸소." 이달(李達)은 어머니가 천민인 서얼(庶孼)이다. 조선시대를 통틀어 가장 뛰어난 시인이지만 평생을 방랑생활로 불우하게 지냈다. 유명시인으로 인정을 받고 살았지만 자주 권력층을 비판하였기 때문에 양반들로부터 질시와 냉대를 받았다. 제자인 허균은 그의 시가 청신아려(淸新雅麗)하다고 평했다. 그가 죽고 나서 100년이 지난 뒤 그의 문중에서 그를 족보에 올려 주었다.

소를 타고 황혼에 도착하다 騎牛暮至(기우모지)

신광수(申光洙, 조선)

날 저문 강변에서 그대 오기 기다렸네
소를 타고 오며 그대 씩 하고 한 번 웃네
강 위로 달은 높이 떠 중천인데
쌓인 눈 헤치고 동대로 어서 오르세

黃昏江上待君來(황혼강상대군래)
牛背君來笑一開(우배군래소일개)
江月已高三丈外(강월이고삼장외)
雪中催上寺東臺(설중최상사동대)

* 已(이) : 이미.

석북 신광수(石北 申光洙)는 젊은 시절 초시에 합격했으나 과거에는 급제하지 못하고 60살이 넘어 영릉 능참봉 벼슬을 제수 받았다. 그 당시 여주에 머물고 있을 때 지은 시다. 오기로 약속한 친구가 늦어져서 해가 질 무렵에야 도착했다. 소 등에 올라앉은 그 친구는 늦은 게 미안한 듯 씩 하며 한 번 웃고 만다. 강 위로 이미 달은 높이 떠올랐다. 신륵사 옆 동대라는 누각에 주안상을 준비하여 놓았다. 늦었지만 다행이도 달은 밝으니 눈을 헤치고 올라가 시도 읊고 강 위에 뜬 달도 보면서 음풍농월(吟風弄月)로 회포를 나눠 보자고 권하고 있다.

동대에서 東臺(동대)

신광수(申光洙, 조선)

달 떠오른 동대에서 자네와 마주 앉았으니
눈 그친 빈 강이 더욱 환해지네
작년 일이 생각나오 바로 오늘같은 밤
해 저물녘 해주성에 나 홀로 올랐었지

東臺月出對丁生(동대월출대정생)
雪後空江更覺明(설후공강갱각명)
正憶去年今夜客(정억거년금야객)
黃昏獨上海州城(황혼독상해주성)

* 丁生(정생) : 작자의 친구인 정범조(丁範祖)를 지칭함. 관직이 없고 가까운 사이라 성씨(姓氏) 뒤에 생(生)을 붙임.

신광수가 고대하며 기다렸으나 소를 타고 늦게 온 친구는 정생이다. 정생이 오자 함께 눈을 헤치고 동대에 올라가 즉석에서 지은 시다. 이렇게 시를 주고받는 게 옛 사람들의 풍류였다. 휘영청 밝은 달 아래 그대와 마주 앉았다고 서두를 꺼낸 뒤, 아무도 없는 강가에 쌓인 눈 위로 달빛이 비치어 더욱 환하다고 주변 경치를 묘사했다. 그리고 후반 두 구절에서 한 해전을 회상한다. 벼슬에 오르지 못했던 시절, 친구에게 문전박대를 당하고 해주성에 홀로 올랐던 씁쓸한 기억을 떠올리며 오늘 이 자리가 작년에 비해 그지없이 행복하다는 표현이다.

금강산 가는 스님에게 送僧之楓岳(송승지풍악)

성석린(成石璘, 고려 말~조선 초)

금강산 일만 이천 봉
봉 마다 높낮이가 서로 다르지
여보게 자네 일출 모습 꼭 보구려
어느 봉우리가 맨 먼저 붉어지나

一萬二千峰(일만이천봉)
高低自不同(고저자부동)
君看日輪上(군간일륜상)
何處最先紅(하처최선홍)

* 楓岳(풍악) : 금강산의 가을 이름. 봄은 금강(金剛), 여름엔 봉래(蓬萊), 겨울엔 개골(皆骨).
* 岳(악) : 악(嶽)과 같은 자. 큰 산.
* 日輪(일륜) : 태양(太陽), 해.
* 紅(홍) : 붉은 홍. 붉은 단풍에 일출의 붉은 빛이 비치면 최선(最先)의 홍(紅)이 된다.

금강산 육로 관광이 재개됐다. 뿐만 아니라 평양 관광도 가능해졌다. 단순히 관광이 아니라 같은 민족끼리 서로 총부리를 겨누던 철조망이 걷히고, 끊어졌던 길이 이어졌다는 사실에 의미가 더욱 크다. 풍악은 금강산의 가을 이름이다. 높낮이와 그 자태가 봉우리마다 서로 다른 금강산의 절경을 어찌 말로 다 표현할 수 있을까? 그저 일만 이천 봉 다섯 자로 대신하고 있다. 더구나 단풍이 든 가을에 금강산에 올라 동해 일출을 본다면 온 산이 불타는 듯한 그 장엄한 광경을 평생 잊지 못할 것 같다. 성석린 정승이 권한다. 금강산에 가보라고.

가난할 때의 벗 貧交行(빈교행)

두보(杜甫, 당나라)

손바닥 뒤집어 비와 구름 바꾸듯
어지럽고 경박한 짓 어찌 다 셀 수 있나
가난할 때 관포지교 그대는 모르는가
요즘 사람 의리를 흙처럼 버리네.

翻手作雲覆手雨(번수작운복수우)
紛紛輕薄何須數(분분경박하수우)
君不見管鮑貧時交(군불견관포빈시교)
此道今人棄如土(차도금인기여토)

* 貧交行(빈교행) : 빈교(貧交)는 가난할 때의 사귐. 행(行)은 노래의 형식.
* 紛紛(분분) : 꽃잎이 흩어져 어지러운 모양 일이 뒤얽혀 갈피를 잡지 못함.
* 輕薄(경박) : 경조부박(輕佻浮薄)의 준말. 경솔하고 천박함.
* 管鮑之交(관포지교) : 관중(管仲)과 포숙아(鮑叔牙)의 절친한 우정. 鮑叔(포숙)으로도 씀.
* 此道(차도) : 이와 같은 도리를 말함.

    손을 번득 들어 구름을 만들다가 다시 손바닥을 뒤집어 비를 내리게 하는 것처럼 어지럽고 경박한 짓을 어찌 다 셀 수 있을까? 그대는 관중(管仲)과 포숙아(鮑叔牙)가 가난했던 시절 나누었던 우정을 보지 못하였는가? 이러한 도리를 요즘 사람들은 쓰레기처럼 버린다. 의리를 저버리고 배신하기를 손바닥 뒤집듯 쉽게 하는 경솔하고 천박한 세태를 한탄하며 관포지교(管鮑之交)를 교훈 삼아 후덕한 인심과 의리를 지키라고 훈계하는 시다.

술과 벗 友人會宿(우인회숙)

이백(李白, 당나라)

옛 시름 씻으려고
내리 백병 술 마시네
이 좋은 밤 즐겁게 보내세
달 밝은 데 잘 수 없지
취하거든 빈 산에 눕게
하늘 땅이 이불 베개지

滌蕩千古愁(척탕천고수)
留連百壺飮(유연백호음)
良宵宜淸談(양소의청담)
皓月未能寢(호월미능침)
醉來臥空山(취래와공산)
天地卽衾枕(천지즉금침)

* 滌蕩(척탕) : 씻을 척, 쓸어낼 탕.
* 壺(호) : 병. 배가 불룩하고 입이 작은 병으로 주로 술을 담는다.
* 宵(소) : 밤.
* 宜(의) : 당연히. 마땅히. 이치에 맞음.
* 皓(호) : 희고 깨끗함. 달빛이 밝음.
* 衾枕(금침) : 이불과 베개.

 술은 얼마든지 있다. 달도 밝다. 말과 뜻이 통하는 친구까지 왔다. 옛 시름이 모두 씻어진다. 참 좋은 밤이다. 세상사 고달픈 이야기 말고 맑고 깨끗한 대화가 오고 간다. 당연히 술잔도 따라서 가고 온다. 밤이 깊어 가도 잘 수야 없지. 취할 때까지 마시다가 그대로 눕는다. 땅을 베고, 하늘을 덮고서. 이백(李白)의 호연지기(浩然之氣)를 현대인들도 부러워만 말고 일 년에 한 번 쯤 실행해봄이 어떨지?

술 한 잔을 나누며 山中對酌(산중대작)

이백(李白, 당나라)

둘이서 마시다 보니 산에는 꽃이 활짝
한잔 한잔 먹세 또 한잔 먹세 그려
나 취해 졸리네 그대 그만 가보시게
내일 아침 생각나면 거문고 품고 오시게

  兩人對酌山花開(양인대작산화개)
  一盃一盃復一盃(일배일배부일배)
  我醉欲眠君且去(아취욕면군차거)
  明朝有意抱琴來(명조유의포금래)

* 盃(배) : 잔(=杯).
* 且(차) : 또, 또한, 한편으로. 바야흐로.
* 抱(포) : 안다. 품다.

 술을 유독 좋아하고 엄청 잘 먹는 사람을 우리는 주태백(酒太白)이라 부른다. 호주가(豪酒家) 이태백의 호방(豪放)한 풍모가 고스란히 드러나는 멋진 시다. 한잔 한잔 또 한잔하다 보니 처음에는 이들 얼굴에 발그레한 꽃이 피고 마음속에도 꽃이 피더니 드디어는 온 산에 붉은 꽃이 만발했다. 술에 취해 졸린다. 더 마시면 뭐하겠는가. 졸리면 자야지. 마주 앉아 대작하던 친구는 조금 아쉽나 보다. 이백이 그 친구에게 말한다.
 "오늘만 날인가? 내일 아침 또 만나서 해장술 한잔하세. 아차 그런데 내일은 자네 거문고 소리 들으며 즐겨 보세."
 친구가 좋고 술이 좋으며 거기다 좋은 음악까지 있으니 요즘 말로 환상이다. 그런데 왠지 허전하고 쓸쓸한 뒷맛이다. 바늘낚시로 세월을 낚던 강태공도 이 기분이었을까?

친구 찾아 가는 길 尋胡隱君(심호음군)

고계(高啓, 명나라)

물을 건너 또 물을 건너서
꽃을 보고 또 꽃을 보면서
봄바람 부는 강둑길 가다 보니
어느새 그대 집에 다 왔구려

渡水復渡水(도수부도수)
看花還看花(간화환간화)
春風江上路(춘풍강상로)
不覺到君家(불각도군가)

* 尋(심) : 찾을 심(尋訪). 항상 심(尋常).
* 胡隱(호음) : 사람 이름. 시인의 친구로 추정됨.

햇볕은 따사롭고 바람도 살랑살랑 분다. 집 안보다 밖이 오히려 더 따뜻하다. 이런 때는 망설일 것 없이 밖으로 나가는 게 상책이다. 어둡고 썰렁한 방에서 나와 화창한 봄 날씨를 마음껏 즐기면서 자연으로부터 생명력을 충전하기 바란다. 이왕 나온 김에 조금 멀더라도 야외로 나가야 봄을 제대로 만끽할 수 있다. 물도 건너고 길가에 피어 있는 꽃들도 쳐다보며 비단결에 스치는 듯한 봄바람을 즐기면서 아무 생각 없이 강둑길을 걸었는데 문득 멈춰 보니 그대의 집 앞이더라는 이 시는 세련된 사랑의 고백이 필요한 사람에게 많은 참고가 될 수 있겠다. 이 시인의 호는 청구(靑邱)다. 그래서 고청구(高靑邱)로 더 많이 알려져 있다.

다정한 벗들과 함께 多情客(다정객)

윤봉길(尹奉吉, 대한제국~일제강점기)

흘러가는 세월은 어찌 이리도 빠른가
봄바람 이미 그치고 여름 장마도 개었네
예산 청양 홍성의 다정한 벗들 모여 앉아
박주로 삼배하고 시 한 수 읊노라

　　歷歷光陰何大忽(역력광음하대홀)
　　春風已過夏霖晴(춘풍이과하림청)
　　禮靑洪客多情席(예청홍객다정석)
　　薄酒三盃一詠聲(박주삼배일영성)

* 光陰(광음) : 세월. 때.
* 忽(홀) : 갑자기. 돌연.
* 夏霖(하림) : 여름 장마.
* 禮靑洪(예청홍) : 예산(禮山) 청양(靑陽) 홍성(洪城).
* 薄酒(박주) : 자기가 내는 술의 겸손한 표현.

　윤봉길 의사는 고향 예산에서 농민운동과 독립운동을 하면서 중국 망명을 앞두고 인근 청양, 홍성 등지의 동지들과 술자리를 마련했다. 이 시는 그 술자리에서 즉석으로 읊은 것이다. 춘풍(春風)은 이미 지난 좋은 시절, 하림(夏霖)은 암담한 현실, 즉 식민 압제를 상징한다. 일본을 물리쳐서 독립을 이루겠다는 의지를 하림청(夏霖晴＝장마도 개었다)으로 표현했다. 1932년 4월 29일은 윤봉길 의사가 중국 상해의 홍구 공원에서 만주사변 전승 축하행사를 하고 있는 일본 침략군 수뇌들에게 도시락 폭탄을 던져 조선 청년의 기개를 떨치고, 일본 제국주의자들의 간담을 써늘하게 했던 날이다.

벗을 만나지 못하고 訪道者不遇(방도자불우)

가도(賈島, 당나라)

소나무 아래에서 아이에게 물었더니
제 스승은 약초 캐러 가셨다 말하네
이 산 속 어딘가에 있기야 하건마는
구름이 너무 깊어 어딘지는 모르겠네

松下問童子(송하문동자)
言師採藥去(언사채약거)
只在此山中(지재차산중)
雲深不知處(운심부지처)

* 只(지) : 다만. 단지.
* 此(차) : 이(this).
* 推敲(퇴고) : 推는 차례로 옮길 추, 밀 퇴. '僧推月下門(승퇴월하문)'은 '스님이 달빛 아래서 문을 미는구나'라는 뜻. 밀다[推]와 두드린다[敲]를 가지고 고민하다가 그 당시 대시인(大詩人)인 한유(韓愈)의 권유로 밀다[推]로 결정하였다는 데서 유래한 말로 지금은 원고를 완성한다는 뜻으로 쓰임.

좋은 시는 쉽고 간결하지만 읽고 나면 감칠맛이 난다. 신선이 되고자 도(道) 닦으러 산 속으로 들어간 친구를 찾아갔으나 만나지 못했다. 이 도사(道士)는 속세의 친구를 피해 더 깊은 산 속에 숨었나 보다. 구름이 자욱한 날 무슨 약초를 캔단 말인가. 가도 역시 내공(內功)이 깊은 사람이다. 죽치고 기다리지 않고 그냥 산을 내려온다. 어떻게 알았느냐고? 제목에 불우(不遇)라 했지 않은가. 이 부분이 감칠맛이다. 지금은 불교만이 온전한 종교의 틀을 가지고 있지만 이 당시에는 도교가 풍미하던 시대였다. 절에는 산신각이 따로 자리 잡고 있는데 이것이 도교의 흔적이다. 가도는 유불선(儒佛仙)을 모두 섭렵하였고 시를 지을 때 글자 한 자 한 자에 심혈을 기울였다. 퇴고(推敲)라는 고사성어의 주인공이다.

벗을 만나고나서 訪曺雲伯(방조운백)

박순(朴淳, 조선)

신선 집서 취해 자다 깨어 보니 아리송
흰 구름 골을 메우고 달이 지는 새벽녘
부리나케 걸어 긴 숲을 빠져 나오는데
돌길에 지팡이 소리 자던 새를 깨우네

醉睡仙家覺後疑(취수선가각후의)
白雲平壑月沈時(백운평학월침시)
翛然獨出脩林外(소연독출수림외)
石徑筇音宿鳥知(석경공음숙조지)

* 壑(학) : 골짜기.
* 翛然(소연) : 날개 짓 할 소. 빠르고 급한 모습.
* 脩(수) : 길다. 멀다.
* 筇(공) : 대나무. 죽장.

박순(朴淳)은 조선 중엽 영의정을 지낸 뒤 당쟁을 피해 백운산 기슭에 터를 잡고 제자를 가르치며 전원생활을 즐겼다. 그 무렵 어느 날 산 속에 사는 친구 운백 조준용(曺駿龍)을 찾아갔다. 좋은 날씨에 침침한 방안에서 궁상 떨 일 있나. 숲 속 평평한 널 바위에 마주 앉아 막걸리를 마셨다. 밤늦도록 마시다 취해 그 자리에서 잠이 들었다. 학이 날개 짓을 하니 빈 술잔에 솔향기 묻은 이슬이 떨어져 담긴다. 새벽녘 잠에서 깨어나니 여기가 어딘지 아리송하다. 급히 일어나 숲길을 걸어 집으로 돌아오는데 자갈길에 대나무 지팡이 소리가 잠자는 새를 깨운다. 조선시대 선비들이 이 시를 하도 많이 암송하여 박순을 숙조지 선생이라 별명 붙여 부를 정도였다. 앞의 한 수는 이렇다. 靑山獨訪考槃來 袖拂秋霞坐石苔 共醉濁醪眠月下 鶴翻松露滴空杯 (청산독방고반래 수불추하좌석태 공취탁료면월하 학번송로적공배)

강가 주막에서 江舍(강사)

허목(許穆, 조선)

물들인 듯 푸른 강물 (물가에 주막 하나)
하늘 끝 외딴 곳에 올 봄도 저무는데
우연히 만났어도 같이 한 번 취해보니
우리 모두 한 고향 사람 같구려

 江水綠如染(강수록여염)
 天涯又暮春(천애우모춘)
 相逢偶一醉(상봉우일취)
 皆是故鄕人(개시고향인)

* 天涯(천애) : 1)하늘의 끝, 먼 타향 2)天涯地角의 준말. 서로 멀리 떨어져 있음을 뜻함.
* 又(우) : 그리고. 또.
* 偶(우) : 짝. 허수아비. 만남. 우연히. 여기서는 우연히 라는 뜻.
* 皆(개) : 모두. 다.

 외딴 강가에 조그만 주막이 있다. 물이 맑은 강가라니 번잡하고 시끌벅적한 포구가 아님을 알 수 있다. 이런 곳에서 오다가다 우연히 만난 타향 사람들끼리 술을 함께 나누다 보니 의기투합(意氣投合), 서로 배짱이 맞는다.
 "자네나 나나 어쩌다 이 외딴 타향 땅까지 흘러들었는고? 세월은 빠르기도 하지. 어느덧 봄도 끝나 가는데 서로 출신고향을 따지면 뭐하나? 세상은 넓고 할 일은 많다지 않던가. 그러나 인생은 짧고 뜻을 이루기는 어렵다네. 지역을 나누어 서로 미워하지 말자고. 그렇지 않아도 넓고 바쁜 세상인데 조그만 연못 속에 붕어 두 마리가 서로 싸우면 같이 죽나니. 우리 함께 고래 잡으러 동해로 서해로 나가세 그려."

향 수

비 오는 가을밤에 秋夜雨中(추야우중)

최치원(崔致遠, 신라)

스산한 갈바람은 가슴 아픈 나의 노래
이 세상엔 내 마음 알아줄 이 없어라
밤 깊은 창 밖엔 찬비만 주룩주룩
잠은 안 오고 마음은 멀고 먼 고향으로

秋風惟苦吟(추풍유고음)
世路少知吟(세로소지음)
窓外三更雨(창외삼경우)
燈前萬里心(등전만리심)

* 惟(유) : 오직, 생각하다. 여기서는 이(this), 저(that)의 뜻임. 추풍(秋風) 이것은(惟) 고음(苦吟).
* 知音(지음) : 가까운 친구. 직역하면 자기 소리를 잘 알아듣는 사람. 거문고의 명수 백아(伯牙)라는 사람이 있었는데 종자기(鍾子期)라는 친구만이 그 소리를 잘 이해했다는 고사에서 나온 말로, 지기(知己)와 같다.
* 少(소) : 적다. 많지 않다. 젊다. 여기서는 없다는 뜻임. 小(소)는 작다, 크지 않다.
* 燈前(등전) : 흔히 '등불 앞에서'라고 직역한다. 많은 한시에서 잠 못 이룰 때 등전(燈前)이라 표현한다.

늦가을 한밤중이다. 스산한 바람이 불며 찬비가 주룩주룩 내린다. 고운 최치원(孤雲 崔致遠)은 생각해본다. 소년시절에 고향을 떠나 머나먼 이국 땅 중국에 온 지 어언 10년이 다 되어간다. 지난 세월이 주마등처럼 떠오른다. 오랑캐라고 멸시받던 일은 실력으로 이겨냈었다. 정말 견디기 힘든 것은 외로움이다. 오늘처럼 비 오는 밤이면 더욱 외로워 마음은 만리 밖 고향으로 치닫는다.

완산가는 길에서 完山途中(완산도중)

허홍재(許洪材, 고려)

오래 전 노닐던 곳에 다시 찾아오니
맑은 바람 밝은 달은 그전 봄과 같건만
다만 완산 땅에서 한탄하는 것은
당시처럼 배 두드리는 이 없는 것이로다

重尋舊遊處(중심구유처)
風月似前春(풍월사전춘)
只歎完山下(지탄완산하)
時無敲腹人(시무고복인)

* 重(중) : 무거울 중. 여기서는 다시, 거듭 중.
* 風月(풍월) : 1) 청풍명월(淸風明月)의 준말. 맑은 바람과 밝은 달, 즉 자연의 아름다움을 의미 2) 음풍농월(吟風弄月)의 준말. 시를 지으며 즐겁게 노니는 것.
* 敲腹(고복) : 함포고복(含哺敲腹)의 준말. 많이 먹어 배 두드리며 즐김.

완산은 전북 전주의 옛 이름이다. 전주는 후백제의 도읍지였고 고려가 후삼국을 통일할 때 맨 마지막까지 저항하였던 곳이다. 그래서인지 왕건은 훈요십조를 통해 차령 이남 사람은 중용하지 말라고 했다. 이 시인이 몇 년 만에 완산에 다시 찾아갔는지 모르겠으나 그 기간 동안에 함포고복(含哺敲腹)하던 백성들의 삶이 갑자기 피폐(疲弊)해졌겠나. 아마도 후백제의 멸망과 함께 이 지역 백성들이 차별적인 대우를 받고 나아가서 수탈(收奪)을 당하는 참상을 한탄하는 의미를 담고 있으리라. 이 시의 작자 허홍재(許洪材)는 고려시대에 재상(宰相)을 지냈던 사람이며 백성을 가엾게 여겨 선정(善政)을 베풀었다 한다.

옛 고을에 돌아오니 初歸故園(초귀고원)

최유청(崔惟淸, 고려)

마을은 쓸쓸하고 사람도 많이 바뀌었네
담은 기울고 집도 무너져 풀만 우거졌는데
오로지 문 앞의 돌우물 물만 남아서
여전히 옛 맛 그대로 달고 시원하구나

   里閭蕭索人多換(이려소삭인다환)
   墻屋傾頹草半荒(장옥경퇴초반황)
   唯有門前石井水(유유문전석정수)
   依然不改舊甘凉(의연불개구감량)

* 里閭(이려) : 마을 동네.
* 蕭索(소삭) : 쓸쓸하고 삭막하다. 쑥 蕭(소) 새끼줄 索(삭)이나 각각 쓸쓸하다는 뜻을 가짐.
* 墻屋傾頹(장옥경퇴) : 담 墻(장), 집 屋(옥), 기울 傾(경), 무너질 頹(퇴).
* 唯(유) : 오직.
* 依然(의연) : 전과 다름없음(=依舊).

  최유청(崔惟淸)은 고려 중기의 문신(文臣)이다. 약관(弱冠)의 나이에 급제하였으나 파직과 좌천을 겪다 말년에 그의 인품과 학식으로 중용(重用)되었다. 그가 젊었을 때 이자겸의 간계로 파직돼 낙향한 뒤 쓴 시다. 고려시대의 최충, 김부식, 이자연 등은 권력 지향적인 문벌(門閥)을 만들었으나 최유청은 오직 학식과 덕망만으로 일관되게 살아서 정중부의 난 때에도 무신(武臣)들이 그를 보호하였다. 대부분의 사람들은 각자 이해득실에 따라 친소(親疎)를 달리하고 인심 또한 때때로 바뀌지만 자연과 미물(微物)은 항상 변하지 않고 항심(恒心)을 유지한다. 그래서 못된 사람들에게는 짐승보다 못된 것이라 욕을 하기도 한다. 변치 말고 의연하게 살 일이다.

섣달 그믐날 除夜作(제야작)

고적(高適, 고려)

여관 찬 등불 아래 홀로 잠 못 들고
나그네 마음은 어이해 더욱 처연한가
오늘 밤 고향 생각에 천리를 달리고
서리 내린 귀밑머리 내일이면 또 한 살 는다

旅館寒燈獨不眠(여관한등독불면)
客心何事轉悽然(객심하사전처연)
故鄕今夜思千里(고향금야사천리)
霜鬢明朝又一年(상빈명조우일년)

* 除夜(제야) : 섣달 그믐날.
* 鬢(빈) : 구레나룻. 귀밑머리카락.

명절날 가장 애처로운 사람은 고향을 떠나 객지에 나가 있는 사람이다. 평소에도 그리운 게 고향이고 가족이지만, 갈 수 없는 사람에게는 명절이 되면 더욱 그리움이 사무칠 것이다. 요즘 불경기가 지속되면서 늘고 있는 노숙자들이나 머나먼 한국에 와서 일을 하는 외국인 노동자들이 바로 그런 외로운 사람들이다. 힘들고 어려운 살림이지만 설날에 가족과 함께 둘러앉아 오손 도손 식사라도 할 수 있는 사람은 참으로 행복하다고 할 수 있다. 마음으로나마 그 행복을 조금 나누어 줄 수 있다면, 나눌수록 커지는 기쁨이 온 세상에 가득할 텐데.

사월 초파일을 맞이하여 四月初一日(사월초일일)

정도전(鄭道傳, 고려 말~조선 초)

산새 울음 잦아들자 꽃 이파리 날리는데
봄은 또 왔건만 나그네는 못 돌아가네
홀연히 불어오는 남풍에는 정이 있어
따뜻한 바람이 뜰의 풀을 살찌우네

山禽啼盡落花飛(산금제진낙화비)
客子未歸春已歸(객자미귀춘이귀)
忽有南風情思在(홀유남풍정사재)
解吹庭草也依依(해취정초야의의)

* 禽(금) : 새. 禽獸(금수)=날짐승과 길짐승.
* 忽(홀) : 홀연. 돌연. 갑자기.
* 依(의) : 의지하다. 수목이 무성하다. 편안하다.

음력 4월이면 양력으로는 계절의 여왕이라는 5월이다. 일 년 사계절을 우리네 인생이라 치면 5월은 청년기에 해당한다. 나른한 늦봄 오후다. 하루종일 지저귀던 새소리조차 그치고, 이따금 부는 바람에 꽃잎이 흩날린다. 속절없이 봄은 왔다 가건마는 객지에서 혼자 사는 쓸쓸함은 주체할 수 없다. 집을 떠나 산 속에 들어와 과거시험 공부를 하는 젊은 선비는 봄날의 서정과 객지생활의 고독에 흔들리는 마음을 후반부에 와서 극복한다. 남쪽 고향에서 불어오는 바람결에 부모님의 따뜻한 사랑이 실려 있다. 남풍이 풀을 살찌우듯, 바람에 실린 부모님의 사랑으로 젊은 정도전도 마음이 편해진다.

옛 고을을 돌아보며 松都懷古(송도회고)

권담(權湛, 조선)

눈 쌓인 달밤에 사라진 왕조가 서러워라
차가운 종소리는 옛 나라의 신음인가
남루에 홀로 서서 향수에 젖노라니
흔적뿐인 성터에도 저녁연기 오른다

雪月前朝色(설월전조색)
寒鍾故國聲(한종고국성)
南樓愁獨立(남루수독립)
殘郭暮烟生(잔곽모연생)

* 前朝(전조) : 지난 왕조.
* 故國(고국) : 옛 나라. 고려를 뜻함.
* 殘郭(잔곽) : 남은 성곽. 郭(곽)은 도읍을 둘러싼 성.
* 襤褸(남루) : 헌 누더기. 헤어진 옷.

송도(松都)는 개성의 옛 이름이다. 고려의 수도였으며 전성기에는 20만 명의 인구를 가진 국제도시였다. 그러나 고려의 몰락과 함께 개성도 쇠퇴의 길로 들어섰다. 설월(雪月)을 우리말로 읽으면 서럽다 또는 설움과 비슷하게 들린다. 쌓인 눈에 비치는 달빛 즉, 설월(雪月)이 서러워 지나간 왕조처럼 스산하다는 표현이다. 쇠락한 절간의 저녁 종소리는 예나 지금이나 다를 리 없지만 오늘따라 춥고 쓸쓸하게 들리는 것은 불교가 찬밥 신세로 전락한 탓일 것이다. 南樓(남루)는 물론 남쪽에 있는 누각이지만 襤褸(남루)와 동음이의어다. 권담은 고려 말에 벼슬에 올라 조선에서도 벼슬을 했다. 망한 고려를 아쉬워하는 내용이 아니다. 권력의 무상함을 표현했다.

낙화암에서 落花巖(낙화암)

홍춘경(洪春卿, 조선)

나라가 깨어지니 땅과 가람도 예와 다르고
홀로 남은 세월은 차고 기울기 몇 번인가
낙화암 절벽의 꽃만은 여전히 피었으니
그 해에 불던 비바람도 그치지 않았구나

國破山河異昔時(국파산하이석시)
獨留江月幾盈虧(독류강월기영휴)
落花巖畔花猶在(낙화암반화유재)
風雨當年不盡吹(풍우당년부진취)

* 巖(암) : 바위. 낭떠러지.
* 留(유) : 머무르다.
* 幾(기) : 몇 번이나. 얼마나.
* 盈虧(영휴) : 가득 찰 영, 이지러질 휴.
* 猶(유) : 아직도. 여전히.

역사는 승자(勝者)를 위해, 승자에 의해 쓰인, 승자만의 것인가. 당나라 군대에게 철저히 짓밟힌 백제의 통한(痛恨)은 지금도 부여에 가면 느낄 수 있다. 백제의 마지막 임금 의자왕은 사치와 방탕에 빠진 무능한 통치자가 아니었으며 낙화암에서 몸을 던졌다는 삼천궁녀는 과장된 역사라기보다 왜곡된 역사다. 아마도 당나라로 끌려가 노예가 되느니 자살을 선택한 아리따운 백제 처녀들이었으리라. 조선 중기의 강직한 선비였던 홍춘경(洪春卿)이 백마강 달밤에 낙화암에 올라가 백제가 깨어지던 때를 생각하며 감회에 젖어 지은 이 시에도 그런 생각이 보인다. 낙화암 절벽에 피어 있는 꽃은 면면히 이어 오는 백제의 혼을 의미하며 비바람[風雨]은 왜곡된 채 고쳐지지 않은 역사를 뜻한다.

춘천 청평사에서 春川淸平寺(춘천청평사)

영허(映虛, 조선)

산은 한적하고 강물은 길다
절은 낡았고 흰 구름은 깊다
떠난 사람은 소식이 없고
종소리 울려 만고의 마음

山閑流水遠(산한유수원)
寺古白雲深(사고백운심)
人去無消息(인거무소식)
鍾鳴萬古心(종명만고심)

* 淸平寺(청평사) : 소양호를 내려다보는 이 절은 능엄선의 근본사찰로 유명함.
* 萬古(만고) : 1)太古(태고), 아득히 먼 옛날 2)久遠(구원). 영원. 끝없는 세월.

한적한 산은 무심하게 항상 그 자리에 있으나 강물은 멀리 바다까지 쉬지 않고 흘러간다. 오래된 절은 마치 속세를 꺼리는 듯 흰 구름 속에 깊이 묻혀 있다. 긴 세월동안 수많은 사람들이 왔다 떠나는 것이 마치 흐르는 물과 같다. 긴 여운을 남기는 종소리가 마음속에 자리 잡으니 옛 부터 그대로인 산. 그 속에 오래된 절. 그보다 더 멀고 오래된 곳으로부터 진리가 가슴 속으로 들어온다. 종소리는 인위와 자연의 중간에 자리한다. 언어와 침묵의 경계다. 그 종소리 속에 법열의 경지가 있다. 산사(山寺)는 한고(閑古)요, 수운(水雲)은 심원(深遠)하다. 인(人)은 거(去)하고 소식(消息)은 무(無)하나, 종(鍾)이 명(鳴)하니 심(心)은 만고(萬古)로다. 적막한 산사에서 울려 퍼지는 종소리가 귓가에 삼삼하다.

국경에서 宿檢秀(숙검수)

김운초(金雲楚, 조선)

쓸쓸한 기러기는 먼 하늘서 날아들고
덧없는 인생인데 타향살이 몇 해던가
산촌의 떡 찧는 소리 그 누가 견딜소냐
짙푸른 추석 달 쳐다보며 개는 짖는데

　　寒雁高飛遠(한안고비원)
　　浮生半異鄕(부생반이향)
　　誰堪山杵響(수감산저향)
　　犬吠月蒼蒼(견폐월창창)

* 檢秀(검수) : 고을 이름이나 현재 어느 곳인지는 알지 못함.
* 浮生(부생) : 덧없는 인생.
* 異鄕(이향) : 타향. 낯선 고장.
* 堪(감) : 견디다.
* 杵(저) : 절구공이. 방망이.
* 吠(폐) : (개가) 짖다.

　추석은 연휴가 길어 고향 가는 사람들로 북적거린다. 길이 막혀도 짜증 내는 사람도 없을 것이다. 고향을 찾아가는 즐거움이 더 큰 탓이다. 모든 사람들이 그리운 부모, 형제, 일가 그리고 다정한 친구를 만난다는 기대감으로 마음이 푸근해지기 때문이다. 그러나 이런 즐거움을 같이 누리지 못하는, 추석 명절이면 더욱 쓸쓸한 이웃도 있다. 특히 50년 넘게 소식도 모르는 채 지내 온 이산가족이 그들이다. 기러기는 해마다 남북을 오가는데, 누가 이들을 못 가게 막고 있는가? 남이건 북이건 함께 쳐다보는 같은 달을 두고 왜 개들은 짖느냐.

봄밤에 피리소리를 들으며 春夜聞笛(춘야문적)

이백(李白, 당나라)

어디서 날아오나 밤중의 피리소리
봄바람에 흩어져 낙양성에 가득하네
오늘밤 노래 속에 절류곡도 들려오니
누군들 고향 생각이 나지 않으랴

  誰家玉笛暗飛聲(수가옥적암비성)
  散入春風滿洛城(산입춘풍만낙성)
  此夜曲中聞折柳(차야곡중문절류)
  何人不起故園情(하인불기고원정)

* 誰(수) : 누구.
* 折柳曲(절류곡) : 이별곡. 이별할 때 버들가지를 꺾어 주는 중국의 풍습에서 유래함.
* 離人日日折楊柳 折盡千枝人莫留 (이인일일절양류 절진천지인막류) : 헤어지는 사람들 날마다 버들가지 꺾어 모두 다 꺾어도 가는 사람은 못 잡아.

 어느 집에서 그 누가 이토록 구성지게 피리를 불고 있는지 모르겠다. 한밤중에 조용한 밤공기를 타고 구슬픈 가락이 온 동네에 퍼진다. 객수(客愁)에 젖어 늦도록 잠 못 이루는 나그네는 피리소리가 너무 좋다. 그런데 오늘밤에는 이별가가 들려온다. 끊어질 듯 이어지는 애잔한 곡조에 나그네는 그만 고향 생각에 빠지고 만다. 시선(詩仙) 이태백은 술 좋아하고 풍류만을 즐기던 한량(閑良)인 줄 잘못 알고 있는 사람이 많다. 이태백은 그가 살던 당시 사회의 모순을 개혁하고자 안록산의 반란군에 관련되기도 했으며, 질곡(桎梏)에서 허덕이는 백성들의 한을 풀어 주고자 현실을 고발하는 시를 짓기도 하였다. 그는 짧은 기간의 관직생활을 빼고는 대부분의 인생을 재야인사로서 유랑생활을 하며 보냈다.

고향을 그리며 絶句2(절구2)

두보(杜甫, 당나라)

파란 강물에 물새 더욱 희고
산이 푸르러 꽃 더 붉게 탄다
올 봄도 또 그냥 지나가는데
고향에 돌아갈 날 그 언제 일런가

　江碧鳥逾白(강벽조유백)
　山靑花欲燃(산청화욕연)
　今春看又過(금춘간우과)
　何日時歸年(하일시귀년)

* 碧(벽) : 옥 푸르다.
* 逾(유) : 1)지나가다, 넘어가다. 2) 더욱(=愈).
* 欲(욕) : 탐내다. ~하고자 하다(=慾).
* 看又過(간우과) : 看過 그냥 지나쳐 보내다 대충 보고 빠뜨림. 본체만체함.

색깔의 대비(對比)가 일품이다. 강은 벽옥(碧玉)처럼 파랗고 산은 청록색이다. 강물 위의 새는 푸른 옥에 찍힌 하얀 점으로 선명하고 깨끗하다. 제법 녹음이 우거진 푸른 산 위에 핀 꽃은 붉게 불타는 듯 아름답다. 강벽(江碧) 조백(鳥白), 산청(山靑) 화적(花赤)이라, 화창한 늦봄에 강산(江山)의 풍광(風光)이 눈부시다. 그러나 경치가 아무리 좋으면 무엇하리. 돌아갈 기약도 없는 타향살이가 쓸쓸한데. 아름다운 풍광이어서 고향생각에 더욱 외로운 나그네다. 좋은 계절. 멋진 경치와 서글픈 타향살이의 반전(反轉) 또는 대비(對比)가 또한 이 시의 묘미(妙味)다. 두보(杜甫)는 44살이 되어서야 겨우 얻은 말단 벼슬을 5년 만에 벗어 던지고 다시 떠돌이 생활로 돌아갔다.

가을 상념 秋思(추사)

장적(張籍, 당나라)

낙양성에 깃든 가을 풍광을 보다가
집에 편지를 쓰려니 생각은 만 갈래
바삐 쓰느라 빠뜨린 사연이 있을까 하여
심부름꾼 떠나려 할 제 다시 한 번 뜯어본다

   落陽城裏見秋風(낙양성리견추풍)
   欲作家書意萬重(욕작가서의만중)
   復恐忽忽說不盡(부공총총설부진)
   行人臨發又開封(행인임발우개봉)

* 見秋風(견추풍) : 가을바람을 보다. 풍은 바람이지만 여기서는 경치를 의미함.
* 忽忽(총총) : 바쁠 총. 일이 매우 급하고 바쁜 모양.
* 行人(행인) : 길 가는 사람. 심부름꾼(使者).
* 又(우) : 또. 다시.

고향에 가족을 남겨 놓은 채 혼자 낙양에 올라와서 벼슬살이를 하고 있다. 가을바람에 떨어져 뒹구는 낙엽을 보노라니 문득 고향이 그립고 가족들이 보고 싶다. 객수(客愁)가 밀려든다. 집에 편지라도 보내고 싶다. 나이 드신 부모님은 건강하신지, 아이들은 잘 크고 있는지, 농사는 잘 됐는지, 생각은 만 갈래이고 할 말은 많기도 하다. 편지를 가지고 갈 사람이 출발하려 할 때, 혹시 빠뜨린 말은 없는지 확인하느라 다시 한 번 봉투를 뜯어 읽어 본다. 가을엔, 외로울 땐 누구에게든 편지를 써보시라.

변수를 지나며 楊柳之詞(양류지사)

유우석(劉禹錫, 당나라)

수양제의 행궁이 있는 변수 주변에
몇 그루 남은 버드나무 봄물이 올랐다
날 저물어 바람 부니 꽃잎이 눈 내리듯
궁 안으로 날아드나 사람은 보이지 않아

煬帝行宮汴水濱(양제행궁변수빈)
數株殘柳不勝春(수주양류불승춘)
晚來風起花如雪(만래풍기화여설)
飛入宮牆不見人(비입궁장불견인)

* 煬帝(양제) : 양(煬)은 녹이다, 구워 말리다. 수양제 이후 예(禮)를 피하고, 천(天)을 거스르고, 민(民)을 학대한다는 뜻.
* 行宮(행궁) : 임금이 나들이할 때 머무는 임시 거처.
* 汴水(변수) : 중국 하남성에서 황하로 연결되는 강.
* 濱(빈) : 물가. * 勝(승) : 이기다. 여기서는 억누르다 라는 뜻.

고구려와의 전쟁에서 두 번 모두 패하고 한 쪽 눈까지 잃은 수나라 양제를 회상한 시다. 무리한 대운하 건설과 고구려에게 패배한 탓에 수나라는 2대 38년 만에 망했다. 아버지와 형을 죽이고 왕이 된 양제는 운하 곳곳에 행궁을 지어놓고 한 번 행차에 수 만 명의 백성을 동원하여 배를 끌게 하였으며 그 행차는 앞과 끝이 200리에 달했다 한다. 대운하와 행궁(行宮)은 양제의 위업과 위풍을 과시하는 것이었지만 불과 200년 후 버드나무 몇 그루로 남았을 뿐이다. 만래풍기(晚來風起)는 나라가 망했다는 표현이고, 화여설(花如雪)은 꽃은 지는 것, 눈은 녹는 것. 권력무상을 상징한다. 문화를 꽃 피우고 공정한 법도(法道)를 세웠다면 후세에 길이 존경 받았을 텐데 허세와 폭정으로 자멸하고만 양제가 가련하다.

가을 바람 부니 秋風引(추풍인)

유우석(劉禹錫, 당나라)

가을 기운이 어디까지 내려왔는가
쓸쓸한 기러기 떼를 먼저 보냈구나
아침 마당의 나무에 들른 갈바람
외로운 나그네가 맨 먼저 느끼네

何處秋風至(하처추풍지)
蕭蕭送雁群(소소송안군)
朝來入庭樹(조래입정수)
孤客最先聞(고객최선문)

* 引(인) : 끌다. 당기다. 노래곡조(歌曲).
* 至(지) : 이르다. ~까지. 다다르다.

이 시는 당나라 시대의 노래 가사다. 깔끔하고 서정적인 아취(雅趣)는 지금 시대에도 누군가가 곡을 부치면 그대로 되살아 날 것 같다. 가을은 북쪽으로부터 바람을 타고 온다. 가을을 알리는 전령이 기러기다. 어느 날 아침 뜰에 심어진 나무에 가을바람이 도착했다. 먼 길을 떠나기 위해 새벽에 일어난 외로운 나그네가 그 가을바람 소리를 맨 먼저 들었다. 길에서 사는 외로운 사람의 감성이 가장 예민하다. 그래서 계절의 변화도 그들이 가장 먼저 느끼는 게 당연하다. 유우석(劉禹錫)은 당대(唐代)의 진보적 정치 사상가이자 지조 있는 작가다. '山不在高 有仙則名 水不在深 有龍則靈'(산은 높아서가 아니라 신선이 살아야 명산이요 물은 깊어서가 아니라 용이 살아야 신령스럽다). 그가 지은 누실명(陋室銘)의 첫 구절이다.

달 밝은 한가위 밤에 八月十五夜(팔월십오야)

이행(李荇, 고려 말~조선 초)

평생 사귄 옛 친구들 모두 먼저 떠나고
흰머리 내 몸과 그림자가 서로 마주 본다
지금처럼 달 밝은 밤 누대에 오르니
피리소리 처량하여 차마 듣지 못하겠구나

　　平生交舊盡凋零(평생교구진조영)
　　白髮相看影與形(백발상간영여형)
　　正是高樓明月夜(정시고루명월야)
　　笛聲凄斷不堪聽(적성처단불감청)

* 凋零(조영) : 시들어 사라짐(=凋落).
* 不堪聽(불감청) : 듣는 것을 견디지 못함. 不堪(불감)은 견디어 내지 못함. 不敢(불감)은 감히 하지 못함.

더도 말고 덜도 말고 한가위만 같아라. 날씨는 덥지도 춥지도 않고 양식 걱정 없으며 산과 들에는 맛있는 과실들이 익어가니 그 무엇이 부족하랴. 그러나 인간인지라 이렇게 좋은 철에도 채워지지 않는 상념의 번뇌가 있나 보다. 그리움일까, 외로움일까? 평생의 벗들은 어느덧 먼저 떠나 버리고 오늘 같이 좋은 밤에 홀로 누대에 올라 그림자를 벗 삼아 피리를 불다 보니 자신의 피리소리에 스스로 처량해지고 만다. 흰 머리카락을 인 채, 홀로 처량한 나의 실상(實相)과 내 그림자인 허상(虛像)은 과연 무엇이 다른가? 달 밝은 밤에 홀로 있으면 누구라도 청승맞게 보인다. 올 추석에는 외로운 사람끼리 뭉치시라.

대성을 바라보며 臺城(대성)

위장(韋莊, 당나라)

주룩주룩 내리는 비에 풀잎은 싱그러운데
육조의 왕업은 꿈 이런가 부질없는 새 울음
너무도 무정하구나 금성의 버드나무
변함없이 십리 강둑에 안개처럼 자욱하다

江雨霏霏江草齋(강우비비강초재)
六朝如夢鳥空啼(육조여몽조공제)
無情最是臺城柳(무정최시대성류)
依舊煙籠十里堤(의구인롱십리제)

* 臺城(대성) : 금성(禁城). 남경(南京) 현무호반(玄武湖畔)에 있음. 5세기 경 남조(南朝) 4국의 궁(宮).
* 霏霏(비비) : 주욱 죽. 비나 눈이 몹시 내리는 모양.
* 齋(재) : 1)재계하다 2)집.
* 六朝(육조) : 오(吳), 동진(東晉)과 남조(南朝) 4국(宋, 齊, 梁, 陳).
* 煙(인) : 연기 연, 안개 인. 두 가지 모두 연으로 읽기도 함.

　　서기 618년 수나라로부터 정권을 빼앗은 뒤 두 차례나 고구려를 침략하다 패해 668년에 위기에 몰린 신라를 이용하여 만주 벌판 드넓은 고구려 땅까지 집어삼킨 당나라도 결국은 건국한지 290년 만에 황소의 난으로 인한 후유증으로 막을 내리게 된다. 이 시인이 죽기 3년 전이다. 이 시는 예전에 명멸하던 여러 왕조의 덧없음에 빗대어 당나라가 망해가는 현실을 표현하고 있다. 그러나 나라는 망하고 귀족들은 몰락하지만 강둑에 끝 모르게 이어져 심어진 버드나무는 변함없이 우거져 있다. 연약한 풀잎조차도 비를 머금어 더욱 무성하다. 나라는 망할지라도 민초(民草)들은 끈질긴 생명력으로 꿋꿋이 살아간다.

명절에 형제들을 생각하며 億山東兄弟(억산동형제)

왕유(王維, 당나라)

나만 홀로 타향 땅의 외로운 나그네
명절되니 부모형제 더욱 그리워
먼 고향 땅 형제들은 높은 곳에 올라가
수유를 꽂고 놀며 한 사람 비었다 하겠네

獨在異鄕爲異客(독재이향위이객)
每逢佳節倍思親(매봉가절배사친)
遙知兄弟登高處(요지형제등고처)
遍揷茱萸少一人(편삽수유소일인)

* 異鄕(이향) : 타향.   * 遙(요) : 멀다.
* 遍(편) : 두루.   * 揷(삽) : 꽂다.
* 茱萸(수유) : 수유나무. 열매의 기름은 머릿기름으로 씀.
* 少(소) : 적다, 젊다. 여기서는 빠지다[缺]는 뜻으로 씀.

중국에서 음력 9월 9일은 중양절(重陽節)이라 해서 설날(春節), 추석[仲秋節]에 버금가는 명절이다. 중국 사람들은 이 날 온 가족이 함께 모여 높은 산에 올라 수유를 머리에 꽂고 국화주를 마시며 놀면 액운(厄運)을 물리치고 무병장수한다고 여긴다. 부모형제들이 모이는 명절에 객지에서 홀로 지내는 외로움과 고향에 대한 그리움이 짙게 깔린 망향가(望鄕歌)다. 또한 중양절은 삼짇날[음력 3월3일] 찾아온 제비들이 강남으로 돌아가는 날이다. 제비들은 남쪽 고향으로 돌아가지만 자신은 고향에 갈 수 없다는 아쉬움이 배어 난다. 추석날 고향에 다녀온 사람들은 오늘 하루쯤은 고향에 가지 못한 이주노동자들이나 북에 고향을 둔 실향민들과 애환(哀歡)을 같이 나누고 위로하는 날로 삼으면 좋겠다.

밤에 구슬픈 피리소리를 들으며 夜上受降城聞笛(야상수항성문적)

이익(李益, 당나라)

회락봉 앞 모래사막은 눈처럼 하얗고
수항성 밖 달빛은 서리보다 차가워
어디서 들려오나 구슬픈 피리소리
병사들은 오늘밤도 고향 그리워 잠 못 드네

　回樂峰前沙似雪(회락봉전사사설)
　受降城外月如霜(수항성외월여상)
　不知何處吹笛管(부지하처취적관)
　一夜征人盡望鄕(일야정인진망향)

* 回樂峰(회락봉) : 중국 서부 감숙성에 있는 산.
* 受降城(수항성) : 적의 항복을 받는 성.
* 笛管(적관) : 대나무로 만든 피리.

　변방 요새(要塞)의 분위기를 표현한 변새시(邊塞詩)다. 산자락 앞으로 펼쳐진 사막의 모래는 달빛을 받아 마치 눈이 쌓인 것처럼 하얗게 빛나고 성 밖 밤하늘에 나직하게 걸린 둥근 달은 서리처럼 차가운 빛을 내고 있다. 집을 떠나 머나 먼 변방의 군인이 된 젊은이들은 달빛이 휘영청 한 한밤중에 보초를 서며 고향생각을 한다. 멀리서 어렴풋이 귀에 익은 음악소리가 들리면 망향의 감정은 더할 것이다. 80년 대 군사독재 시절의 군대 내 의문사들을 필두로 근래까지도 크고 작은 사고가 끊이지 않아 자식을 군대에 보낸 많은 이들로 하여금 걱정에 싸이게 한다. 어차피 군대생활이 편할 수는 없는 것이지만 자식을 군대에 보낸 부모의 마음이라도 편할 수 있는 세상이 되면 좋으련만.

가 난

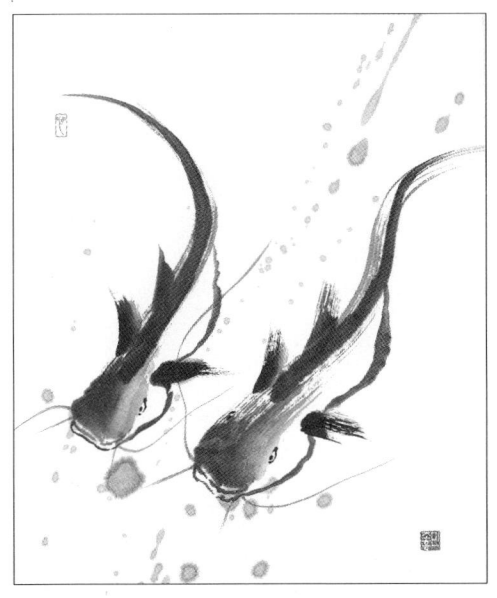

거꾸로 된 풍경 無題(무제)

김립(金笠, 조선)

네 발 멀쩡한 소나무 소반에 죽 한 그릇
파란 하늘 하얀 구름 죽 위에 떠다닌다
주인이여, 무안해 하지 마오
물에 비쳐 거꾸러진 청산 풍경 더욱 좋구려

　四角松盤粥一器(사각송반죽일기)
　天光雲影共徘徊(천광운영공배회)
　主人莫道無顔色(주인막도무안색)
　吾愛靑山倒水來(오애청산도수래)

* 粥(죽) : 곡식을 묽게 끓인 음식.
* 無顔(무안) : 볼 낯이 없음.

　비록 묽은 죽 한 그릇이지만 정성스럽게 소반에 격식을 갖춰 대접한다. 그 죽이 어찌나 멀겋던지 하늘에 떠있는 구름까지 다 비친다. 자신도 어렵지만 멀건 죽 밖에 못주어 미안해하는 주인의 마음이 얼마나 아름다운가. 김삿갓도 주인에게 무안해 하지 말라고 위로한다. 본명이 김병연인 김립(金笠)은 그의 조부 김익순이 홍경래 군대에 항복한 죄로 집안이 멸문폐족(滅門廢族)을 당하였다. 이 사실을 뒤늦게야 알게 된 김병연은 자신의 신세를 비관하여, 삿갓을 쓰고 일생동안 방랑생활을 하다가 57세에 전라도 화순 땅에서 죽었다.

빈한한 삶 艱貧(간빈)

김립(金笠, 조선)

땅 위에 신선 있다더니 부자가 곧 신선이라
사람은 죄가 없어도 가난이 곧 죄로다
빈부는 원래 다른 종자가 아니라오
가난뱅이 부자되고 부자가 가난뱅이 되나니

　　地上有仙仙見富(지상유선선견부)
　　人間無罪罪有貧(인간무죄죄유빈)
　　莫道貧富別有種(막도빈부별유종)
　　貧者還富富還貧(빈자환부부환빈)

* 莫(막) : 없을 막(=無). 하지 말라(금지). 아득함. 조용함.
* 道(도) : 길. 이야기 하다. 따르다.
* 莫道(막도) : ~라고 이야기 하지 말라.
* 還(환) : 돌아오고 감. 돌려보냄. 갚다. 다시. 도리어.

김삿갓이 어느 인심 고약한 부자의 집에서 문전박대(門前薄待) 당한 뒤 넋두리하듯 즉석에서 읊은 시다. 자신의 가난한 신세를 한탄하고 그 부자에게 당신도 언젠가는 가난해 질 수 있다고 경고하는 내용이지만 음미해 보면 더 깊은 뜻이 스며 있다. 조선시대의 봉건적인 신분제도를 부정하는 혁명적인 민중사상(民衆思想)과 인간 평등사상(平等思想)을 주장하고 있는 것이다. 지금 우리나라에도 부(富)가 대(代)를 이어 세습(世襲)되면서 경제적으로는 물론 사회적 신분의 고착(固着)이 심해지는 현상을 우려하는 사람이 많다. 빈부차이가 어찌 없으랴마는 서로 더불어 사는 지혜가 더욱 절실한 요즘이다. 한때 유행하던 무전유죄 유전무죄(無錢有罪 有錢無罪)라는 말이 없는 사회가 건강한 사회다.

들판의 간이주점에서 艱飮野店(간음야점)

김립(金笠, 조선)

천리 길을 지팡이 하나에 맡겼으니
남은 돈 일곱 닢이 오히려 많구나
주머니 속 깊이 깊이 있으라고 타일렀건만
석양길 주막에서 술을 보았으니 내 어쩌리.

千里行裝付一柯(천리행장부일가)
餘錢七葉尙云多(여전칠엽상운다)
囊中戒爾深深在(낭중계이심심재)
野店斜陽見酒何(야점사양견주하)

* 艱(간) : 고생살이 가난함.
* 尙(상) : 오히려.
* 云(운) : 이르다 말하다.
* 爾(이) : 너 당신 이녁(여기서는 엽전 일곱 닢을 가리킴).
* 見酒何(견주하) : 술을 보았으니 어찌하나.

  죽장에 삿갓 쓰고 방랑 삼천리, 남은 돈은 엽전 일곱 닢, 적은 푼돈이나마 비상금으로 보따리 깊숙이 숨겨 놓았는데 저녁노을 붉게 타는 석양, 지친 발걸음이 주막에 다다랐다. 술 냄새가 폴폴 난다. 에라 모르겠다.
  "주모! 여기 술 한 잔 주구려."
  술 한 잔에 시 한 수로 돌아가는 김삿갓.

사리화를 보며 沙里花(사리화)

이제현(李齊賢, 고려)

참새들은 어디든지 날아다니면서
일 년 농사가 어찌 되든 아랑곳 않네
늙은 홀아비 홀로 지은 농사인데
밭의 벼와 기장을 다 쪼아먹네

黃雀何方來去飛(황작하방래거비)
一年農事不曾知(일년농사불증지)
鰥翁獨自耕耘了(환옹독자경운료)
耗盡田中禾黍爲(모진전중화서위)

* 沙里花(사리화) : 기장을 닮은 꽃이라는 해설이 있으나 명확하지 않음.
* 黃雀(황작) : 참새.   * 曾(증) : 일찍. 지금까지. 거듭.
* 鰥(환) : 홀아비.   * 耕耘(경운) : 밭 갈고 김매다.
* 四窮(사궁)=鰥寡孤獨(환과고독)=홀아비. 과부. 고아. 자식 없는 늙은이.
* 耗盡(모진) : 닳아서 없어짐. 모(耗)는 비다[虛], 덜하다[減], 다하다[盡].
* 禾黍(화서) : 벼와 기장.

　　고려시대 구전민요를 이제현이 한역(漢譯)하였다. 백성들의 고혈을 쭉쭉 빨아먹는 당시의 권력층을 참새에 빗대어 비판하는 내용이다. 그러나 아쉽게도 신분상 차별과 재물의 착취를 당하면서도 이를 깨부수거나 개선하려는 의지를 이 노래에서는 발견할 수 없다. 그 이유는 지배층이 백성들을 부려먹기 쉽도록 심하게 억눌렀기 때문이다. 백성들에게 글을 가르치지 않았을 뿐더러 일생동안 뼈 빠지게 일만 하고도 굶주림을 면하지 못하게 하여 그들이 딴 생각을 할 수 없게 하였다. 그러나 백성은 곧 하늘이다. 두 손으로 하늘을 가릴 수는 없는 것 아닌가. 권력층을 얄미운 참새에 비유하는 것만으로도 계급적 모순을 자각하는 민중의식이 그 싹을 틔우고 있다.

눈오는 밤에 懸薺雪夜(현재설야)

최해(崔瀣, 고려)

귀양살이 삼년 만에 병까지 얻고 보니
단칸살이 내 인생 영락없는 스님일세
온 산에 눈이 덮여 찾아오는 이 없으되
파도소리 들으며 등불 심지 돋운다

三年竄逐病相仍(삼년찬축병상잉)
一室生涯轉似僧(일실생애전사승)
雪滿四山人不到(설만사산인부도)
海濤聲裏坐挑燈(해도성리좌도등)

* 竄逐(찬축) : 귀양 보내어 쫓아내다. 찬(竄)은 숨기다, 도망하다, 귀양 보내다. 축(逐)은 쫓아내다, 물리치다.
* 仍(잉) : 그대로, 자주.
* 海濤聲(해도성) : 깊은 산속에 웬 파도겠는가. 눈보라 치는 바람소리를 파도소리에 비유함.

이 시는 외로움과 기다림이 어우러진 우울한 이중주(二重奏)다. 깊은 산속에서 귀양살이하는 괴로움에 병까지 겹쳤으니 이는 이중고(二重苦)다. 처자식도 없이 혈혈단신으로 절이 소유한 농토를 빌어 소작을 부쳐 먹고 사는 이 시인의 말년은 스님들과 다를 바가 없었다. 전반부에서 자신의 외로움을 하소연하고 있다면, 후반부에서는 자신의 심정을 나타내고 있다. 사람이 찾아오지 않는다 함은 오히려 사람을 기다린다는 뜻이며 등잔불 심지를 돋우는 것은 잠을 못 이룬다는 뜻이다. 누군가를 기다리고 있는 것이다. 자신이 남들에게 잊혀져가고 있다는 존재에 대한 상실감, 이것이 고독이다. 그러나 역설적으로 이 시인은 자신의 고독으로 말미암아 많은 시를 남겨 후세 사람들이 그를 잊지 않고 기억한다.

거센 비를 맞으며 野雨(야우)

정도전(鄭道傳, 고려 말~조선 초)

어젯밤 앞산에 비 많이 내려서
물가 마을 사립문이 반쯤 잠겼다
늙은 어부는 조각배 새로 손보더니
도리어 바다 어귀로 돌아 나간다

昨夜前山雨(작야전산우)
溪村水半扉(계촌수반비)
漁翁新理艇(어옹신리정)
却向海門歸(각향해문귀)

* 扉(비) : 사립문.
* 理(리) : 다스리다[治]. 바르다[正]. 이치(理致). 여기서는 고치다[修理]의 뜻.
* 艇(정) : 작은 배. 舟(주)는 예전에 중국 동쪽에서, 船(선)은 중국 동쪽에서 쓰던 말임. 艦(함)은 싸움배, 舶(박)은 큰 배를 뜻함.

고려가 망하고 조선이 건국되는 격변기에 이성계의 막료(幕僚)가 되어 새로운 나라의 기틀을 세우는데 큰 역할을 하다가 이방원의 손에 죽임을 당한 정도전은 평생을 부침(浮沈)과 영욕(榮辱)이 교차하는 파란만장(波瀾萬丈)한 세월을 살다 간 풍운아(風雲兒)다. 이 시는 홍수가 나서 집이 침수(浸水)되었는데 늙은 어부는 집보다 배를 먼저 고친 뒤 급류를 헤치며 고기잡이를 나선다는 단순한 내용이지만, 정도전의 마음과 다짐이 실려 있다. 아무리 어려운 상황에 처해 있더라도 이를 남의 탓으로 돌려 원망하거나 무기력하게 망연자실(茫然自失)하지 않고 지금 여기서(Now & Here) 꼭 해야 할 일을 골라서 실행하자는 뜻이다.

농민을 생각하며 憫農 (민농)

이신(李紳, 당나라)

가련한 농부 김매는 날 한낮
땀방울이 논바닥에 고인다
누가 알랴 상위의 더운 밥
알알이 쓴 고생인 걸

鋤禾日當午(서화일당오)
汗滴禾下土(한적화하토)
誰知盤中餐(수지반중찬)
粒粒皆辛苦(입입개신고)

鋤禾(서화) : 호미 서(鋤), 벼 화(禾). 논에 김을 맴. 제초(除草).
皆(개) : 모두. 다.

 우리가 매일 먹는 밥, 그 쌀 한 알을 생산하기 위해 3천6백 단계의 작업이 필요하다고 한다. 대한제국 황제 고종께서는 농민의 고통을 모르는 자는 밥을 먹을 자격이 없다고 말했다. 밥과 함께 자주 먹는 김치찌개는 한국 사람들이 가장 좋아하는 음식 중 하나다. 김치찌개에는 돼지고기가 들어가야 제격이다. 맛있는 찌개를 놓고 양돈농가의 노고를 생각하며 먹는 사람이 몇이나 될까?

잠 못 이루는 밤에 夜坐有感(야좌유감)

범성대(范成大, 송나라)

집집마다 문 닫고 잠이 든 적막한 밤
비바람 몰아치고 날씨는 차가운데
무 사려 외치는 이는 뉘 집 아이일까
내일 아침 쌀 팔 돈이 꼭 필요할거야

靜夜家家閉戶眠(정야가가폐호면)
滿城風雨驟寒天(만성풍우취한천)
號呼賣卜誰家子(호호매복수가자)
想欠明朝糴米錢(상흠명조적미전)

* 驟(취) : 말을 몰다.
* 賣卜(매복) : 복(卜) 팔아요! 복(卜)은 라복(蘿蔔)의 준말. 라복(蘿蔔)은 무.
* 誰(수) : 누구.
* 想欠(상흠) : 상(想)은 추측하다. ~하려하다. 흠(欠)은 빚지다. 부족하다.
* 糴(적) : 쌀을 사다.

70년대까지만 해도 겨울밤이면 찹싸알떡~! 메미일묵~! 하며 구슬프게 외치는 소리를 들을 수 있었다. 동네 구멍가게도 이미 문을 닫은 늦은 밤거리에는 인적조차 끊어지고, 기온은 영하로 뚝 떨어진 데다 비바람까지 몰아치는 추운 밤거리를 헤매며 내일의 양식거리를 살 돈을 벌기 위해 나선 애절한 외침이었다. 중국 남송 시절 국제도시였던 장안에서는 무가 한밤중 출출할 때의 간식거리였나 보다. 범성대는 높은 관직에 올랐던 사람이었으나 어려운 서민들의 입장에 서서 그들의 애환을 대변하는 많은 시를 남겼다.

여름날 저녁에 夏夕(하석)

이기(李沂, 조선 말~대한제국)

여름도 저녁이면 때로는 시원한데
창문 틈으로 한데 바람 스며든다
가난한 농가에는 묵은 양식 떨어져
밤 되자 풋바심 절구질이 바쁘다

夏夕亦時凉(하석역시량)
窓間野風入(창간야풍입)
田家無宿粮(전가무숙량)
杵臼夜來急(저구야래급)

* 杵(저) : 공이, 방망이, 망치.
* 臼(구) : 절구통, 확.
* 杵臼之交(저구지교) : 상하귀천(上下貴賤)을 가리지 않는 사귐.

여름에도 추운 사람들이 있다. 밥을 굶어 배가 고프면 여름에도 몸이 시린데, 허물어져 가는 낡은 집 창문 틈으로 찬바람까지 들이쳐 더욱 궁상맞다. 작년 가을에 걷어 들인 양식이 다 떨어져 초근목피(草根木皮)로 연명하다가 더 이상 참을 수 없어 덜 익은 보리를 베어다 절구질을 하고 있다. 이 시가 발표된 백 년 전에는 보릿고개를 못 버티고 굶어 죽는 아사자(餓死者)가 수없이 많았다. 우리 주변을 살펴보자. 아직도 밥 굶는 사람들이 있다. 이들을 외면하고 사치와 향락에 빠져 사는 사람은 반성해야한다. 부자가 천당에 가는 것은 낙타가 바늘귀를 빠져나가는 것보다 어렵다는 예수의 말씀은 허공 속의 메아리인가. 마지막 연의 해석에서 표현한 풋바심이란 곡식이 익기 전에 베어 양식을 마련하는 일을 일컫는 순수한 우리말이며, 그냥 바심이라고도 한다.

고단한 삶 田家詞(전가사)

강위(姜瑋, 조선)

밤중에 들어와 신새벽에 또 나가니
젖먹이는 항상 색색거리며 자고있다
일 년 농사 끝내어 추수하고 나니
산골 아이는 울며 제 아비를 피한다

　　暮入晨還出(모입신환출)
　　乳眠常齁齁(유면상후후)
　　作得一年農(작득일년농)
　　峽兒啼避父(협아제피부)

* 乳(유) : 젖. 젖먹이 아이. 乳와 峽兒는 공통으로 농부의 아이를 가리킴.
* 齁齁(후후) : 후는 코를 골다. 후후는 코 고는 소리.
* 峽(협) : 두메. 산골.

전깃불은 물론이고 호롱불도 없을 때의 이야기다. 꼭 필요할 때면 관솔불을 켰다. 관솔이란 송진이 엉긴 가지나 옹이다. 하루 종일 일을 하느라 새벽에 나갔다가 밤중에 돌아오니 농사꾼이 집안에 있을 때면 아이들은 잠들어 있게 마련이다. 추수를 하고 나서야 비로소 약간 한가해진다. 모처럼 밝을 때 집에 들어가니 젖먹이 아이는 제 아버지가 낯설어 울면서 피한다. 어느 정도 과장이 섞였다 해도 이것이 불과 150년 전 우리 농민의 모습이다. 자작농 보다 소작농이 많았던 그 시절, 농민의 고단함을 담담하게 그린 시다. 강위는 중인 출신으로 추사 김정희의 제자다. 당대의 지식인이라 할 수 있겠다.

모래톱을 보며 新沙(신사)

육구몽(陸龜夢, 당나라)

바닷물 출렁대던 중 작은 모래톱 생겼는데
관청에서 알고 나서야 갈매기도 알았다네
봉래산 가는 길도 가르쳐만 준다면
불로초에도 해마다 세금 물리겠네

渤海聲中漲小堤(발해성중창소제)
官家知後海鷗知(관가지후해구지)
蓬萊有路敎人到(봉래유로교인도)
應亦年年稅紫芝(응역년년세자지)

* 新沙(신사) : 새로 생긴 모래톱. 강남구 신사동도 예전에 모래톱이었다.
* 渤海(발해) : 출렁이는 바다. 고구려 유민들이 요동지역에 세운 나라.
* 蓬萊(봉래) : 상상 속의 신선이 사는 산, 이산에 불로초가 있다고 함. 금강산의 여름 이름.
* 紫芝(자지) : 영지버섯, 불로초.
* 苛斂誅求(가렴주구) : 세금을 가혹하게 징수하고, 재물을 빼앗음.

세금 내는 일은 예나 지금이나 썩 반가운 일은 아니다. 그래서 누구나 절세하는 방법에 귀를 쫑긋해 한다. 반면에 세무공무원들은 세원을 찾아내려 눈에 불을 키고 다닌다. 영원한 숨바꼭질이다. 특히 봉급생활자나 중소상인들은 대기업이나 전문직 종사자들 보다 상대적으로 소득에 비해 세금을 많이 낸다고 불만이다. 봉래산 불로초에까지 세금을 부과하는 것처럼 고소득자의 세원을 추적하여 공평한 세무행정이 이루어지기 바란다. 당나라 시절 관청의 가렴주구(苛斂誅求)를 풍자한 시다.

무풍현에서 茂豊縣(무풍현)

정이오(鄭以吾, 고려 말~조선 초)

송곳 박을 땅도 없이 권세가들이 차지하고
그저 산골 개울가만 나라 땅으로 남아 있다
아이 같은 백성들은 이런 나라 사정 모른 채
구름 속에서 나무꾼 노래만 부르고 있다

　　立錐地盡入侯家(입추지진입후가)
　　只有溪山屬縣多(지유계산속현다)
　　童種不知軍國事(동종부지군국사)
　　穿雲互答採樵歌(천운호답채초가)

* 侯(후) : 중국 주(周)나라 봉건제에서 나온 오등작(五等爵) 중 2등급. 오등작은 공후백자남(公侯伯子男)임.
* 縣(현) : 매달 현. 고을 현.
* 穿(천) : 뚫다, 통하다.

　고려 말기에 이르러 전제(田制)가 문란해지자 지방토호들에 의한 토지겸병(土地兼倂)이 각처에서 자행되었다. 백성들은 손바닥만한 농토마저 빼앗기고 산속의 버려진 땅을 개간하며 입에 풀칠을 하는 신세가 되었다. 정이오(鄭以吾)는 고려 말 조선 초에 걸쳐 높은 벼슬을 지낸 양반이었다. 이 시에는 나라 살림을 걱정하는 관리(官吏)의 충정(忠情)은 있으되 백성들 편에 서서 그들과 고통을 나누어 갖고 해결하려는 충정(衷情)은 보이지 않는다. 무지몽매(無知夢昧)한 백성들이 구름이 자욱한 산속에서 앞이 안보이니 불안하여 노래소리로 서로를 확인하며 소통한다는 마지막 구절이 있어서 작으나마 일말의 희망 혹은 여운을 남겼다고 볼 수 있다.

눈 오는 부용산 길에서 逢雪宿芙容山(봉설숙부용산)

유장경(劉長卿, 당나라)

해는 저물고 창산은 멀고요
날은 차갑고 오막집 가난해
개가 사립문 앞에서 짖으니
눈보라 치는 이 밤에 누가 오나 보다

日暮蒼山遠(일모창산원)
天寒白屋貧(천한백옥빈)
柴門聞犬吠(시문문견폐)
風雪夜歸人(풍설야귀인)

* 白屋(백옥) : 가난한 집. 이엉 집.   * 柴門(시문) : 사립문.
* 吠(폐) : (개가) 짖다.
* 吠形吠聲(폐형폐성) : 한 개가 짖으면 온 동네 모든 개가 따라서 짖는다=부화뇌동(附和雷同).

자신의 감정은 한 글자도 나타내지 않고 오로지 보이고 들리는 현상을 사실 그대로 묘사했을 뿐인데 독자들에게 묘한 감칠맛을 준다. 해가 저물어 가는데 목적지인 창산은 아직 멀다. 날씨가 너무 춥고 눈까지 내리니 중간에 머물 수 밖에 없다. 작은 오막살이 가난한 집에 찾아가 하룻밤 재워 줄 것을 청해 허름한 방에 누웠다. 어느덧 캄캄한 밤이 되었다. 갑자기 사립문 앞에서 개 짖는 소리가 들린다. 거센 눈보라가 치는 이 밤중에 누가 오나 보다. 이 시는 여기서 끝나지만 우리 독자들은 여운을 즐겨야 한다. 먼저 들어와 이 시를 쓴 나그네는 길동무를 만나게 되어 반갑고 또 그가 어떤 사람일까 궁금하기도 했겠지만 그보다 먼저 이 밤에 여기까지 오느라 고생이 많았겠구나 하며 안쓰러운 생각이 들었을 것 같다. 고생을 해 본 사람만이 남의 고생을 안다.

건덕강에 머물며 宿建德江(숙건덕강)

맹호연(孟浩然, 당나라)

연기 깔린 물가에 배를 대니
날 저물어 나그네 시름 새롭네
텅 빈 들판에 하늘은 나무 위에 닿을 듯
맑은 강물에 달은 나그네 손에 잡힐 듯

移舟泊烟渚(이주박연저)
日暮客愁新(일모객수신)
野曠天低樹(야광천저수)
江淸月近人(강청월근인)

* 渚(저) : 물가.
* 曠(광) : 텅 비어 인기척이 없음.
* 人(인) : 작가 자신을 가리킴.

맹호연(孟浩然)은 그의 글재주와는 달리 과거(科擧)에 낙방한 뒤 평생 벼슬살이를 못하고 방랑과 은거(隱居)를 반복하면서, 시를 쓰며 살았다. 그가 떠돌아다니던 중 전당강(錢塘江) 중류 건덕(建德)에 배를 대고 객수(客愁)를 못 견디어 이 시를 읊었다. 연기가 깔렸다 하니 포구마을이다. 저녁 밥을 짓는 연기일 것이다. 날이 저물면 사람들이 각자 집으로 들어가기 때문에 돌아갈 집이 없는 나그네는 더욱 처량한 신세임을 느끼게 된다. 텅 빈 들판은 나그네의 텅 빈 마음이고 낮은 하늘은 희망이 없다는 뜻이다. 어느덧 밤이 되어 떠오른 달만이 맑은 강물과 함께 이 나그네의 친구가 되어 그를 위로해주고 있다. 평범하고 쉬운 스무 개 한자로 나그네의 시름을 궁색하지 않고 기품있게 나타낸 점은 역시 맹호연이다.

허전한 마음 달래며 貧女吟(빈여음)

허초희(許楚姬, 조선)

쇠로 된 가위를 손에 잡으면
밤중 추위에 열 손가락이 곱는다
남을 위해 시집 갈 옷을 지어 주지만
해가 거듭 바뀌어도 독수공방이라네

   手把金剪刀(수파금전도)
   夜寒十指直(야한십지직)
   爲人作嫁衣(위인작가의)
   年年還獨宿(연년환독숙)

* 剪刀(전도) : 가위와 칼. 흔히 가위를 나타냄.
* 嫁(가) : 시집가다, 시집보내다.

삯바느질은 예로부터 주로 가난한 과부들의 호구지책이었다. 낮에는 밥 짓고 빨래하랴 밭 메고 길쌈도 하랴 허리가 휘도록 일하고, 바느질은 결국 밤에 해야만 했다. 말미를 길게 주지 않아 받아 놓은 날이 짧으니 밤을 새우기가 일수다. 추운 겨울, 차가운 방, 호롱불 아래에서 찬 기운에 얼어 곱은 손을 주무르고, 졸린 눈을 비비며 시집가는 새색시의 옷을 지을 때, 옛정은 또 얼마나 그리웠을까. 쏟아지는 졸음과 주체할 수 없는 정염을 쫓기 위해 바늘로 자기 허벅지를 찔러 가며, 고단한 삶을 이어 갔던 조선의 가난한 여인들에게 바치는 헌사다. 허난설헌은 어려운 이웃을 생각하는 따뜻한 마음을 가진 아름다운 여인이었다.

지조

목숨을 끊으며 絶命詩(절명시)

황현(黃玹, 조선 말~대한제국)

온갖 짐승 슬피 울고 산과 바다 찌푸린다
무궁화 금수강산 이미 사라졌구나
등잔 아래 책을 덮고 옛일을 헤아리니
글 배운 선비로서 사람구실 어렵도다

　　鳥獸哀鳴海嶽嚬(조수애명해악빈)
　　槿花世界已沈淪(근화세계이침륜)
　　秋燈掩卷懷千古(추등엄권회천고)
　　難作人間識字人(난작인간식자인)

* 嚬(빈) : 찡그리다.
* 沈淪(침륜) : 잠길 침, 빠질 윤. 권세가 빠져 전과 같지 않음=침몰(沈沒).
* 掩(엄) : 가리다, 숨기다, 닫다. 엄폐(掩蔽):가리어 숨김.

　좋은 일은 오래 기억하고 나쁜 일은 바로 잊어버리는 것이 행복하게 사는 길이다. 그러나 인간은 생각하는 동물이다. 과거의 경험에서 배울 것은 잊지 말고 항상 교훈으로 삼아야 할 것이다. 8월 29일이 국치일(國恥日)임을 기억하는 사람이 얼마나 될까? 일본이 자신들의 행위를 합리화시켜 일한합방이라고 하니까 친일 사학자들이 이 낱말을 앞뒤만 바꾸어서 한일합방이라고 쓰면서 널리 알려지게 된 부끄러운 이 낱말을 이제는 그만 써야 한다. 1910년 이 날을 이제부터라도 한일합방일이 아닌 경술국치일(庚戌國恥日)로 기억하자. 매천 황현(梅泉 黃玹) 선생은 조선 말기 한학자다. 그는 조선이 망하자, 살아서 싸워야 할 사람도 꼭 필요하지만, 죽음으로 책임을 지는 사람도 있어야 한다며 이 시를 쓰고 자결했다.

눈덮인 들판을 밟으며 踏雪野(답설야)

서산대사(西山大師, 조선)

눈 덮인 들판을 밟으며 지날 때면
발걸음을 모쪼록 어지러이 말아라
오늘 내가 남긴 이 발자국은
마침내 뒷사람의 길이 되느니라

踏雪野中去(답설야중거)
不須胡亂行(불수호란행)
今日我行跡(금일아행적)
遂作後人程(수작후인정)

* 胡亂(호란) : 한데 뒤범벅이 되어 어수선함. 丙子胡亂의 胡亂은 '오랑캐의 난'이란 뜻으로 이와 다름.
* 須(수) : 모름지기, 아무쪼록.
* 遂(수) : 드디어, 마침내, 그 결과로서.

아무도 가지 않은 길을 내가 가는 것이 인생이다. 자기의 삶은 오롯이 자기 몫이라는 말이다. 또다시 새로운 한 해가 각자의 몫으로 우리에게 주어졌다. 눈앞에 펼쳐진 또 한 해의 시작이라는 순백의 설원을 쳐다보며 어느 방향으로 또한 어느 길을 통해서 목표를 향해 갈 것인가는 오로지 스스로 결정할 일이다. 우왕좌왕하며 인생을 허비하지는 말자. 역사에 족적을 남기게 될 큰 인물들은 말할 필요도 없겠지만, 우리네 평범한 사람들도 후배나 자손들이 우리 뒤를 따르고 있다.

한산섬에서 閑山島(한산도)

이순신(李舜臣, 조선)

바다에 가을빛이 깊어가고
추위에 놀란 기러기 떼 높이 난다
걱정에 잠 못 들어 뒤척이는 밤
새벽달이 활과 칼을 비춘다

　水國秋光暮(수국추광모)
　驚寒雁陣高(경한안진고)
　憂心輾轉夜(우심전전야)
　殘月照弓刀(잔월조궁도)

* 輾轉(전전) : 누워서 이리저리 뒤척임(=輾轉反側). 돌아누울 전(輾), 구를 전(轉).
* 殘月(잔월) : 새벽까지 남아있어 빛이 희미한 달.

충무공 이순신 장군을 소재로 한 《칼의 노래》라는 소설이 화제가 되고 있다. 이 소설은 청소년용 위인전 수준이 아님은 물론이고 과거 독재정권의 정략적 신격화 차원이 아닌 인간적인 고뇌와 고독이 절절히 우러나는 감칠맛 나는 작품이다. 임진왜란 중 36차례의 크고 작은 해전에서 충무공은 단 한 번도 패한 적이 없었다. 충분한 사전정보입수를 기초로 한 뛰어난 전술과 치밀한 작전계획의 결과다. 서애(西厓) 유성룡(柳成龍)은 그의 저서 《징비록》에서 충무공이 바다를 장악함으로서 왜구를 물리칠 수 있었다고 술회했다. 충무공의 3대 해전은 시간상의 순서대로 해서 한산대첩, 명량대첩, 노량대첩이다. 충무공은 11월 19일 노량해전에서 전사했다.

백두산 오르는 길에 白頭山途中(백두산도중)

신채호(申采浩, 조선 말~일제강점기)

내 인생 사십 여 년 너무도 힘들구나
가난과 병이 나를 잠시도 떠나지 않아
물과 산 다한 이 곳에서 가장 한스러운 것은
내 속마음의 노래조차 부르기 어려운 것

   人生四十太支離(인생사십태지리)
   貧病相隨暫不移(빈병상수잠불이)
   最恨水窮山盡處(최한수궁산진처)
   任情歌曲亦難爲(임정가곡역난위)

* 支離(지리) : 1) 부질없이 오래 걸려 괴롭고 싫증나다. 2) 서로 갈갈이 찢기어 흩어진 상태. 신채호 선생의 인생역정으로 볼 때 이 두 가지 뜻이 다 해당될 듯.
* 任情(임정) : 정에 맡겨 즉 속에 있는 마음대로.
* 難爲(난위) : 하기 어렵다.

"역사는 아(我)와 비아(非我)의 투쟁이다"라는 명제를 내걸고 민족사관(史觀)을 수립한 신채호 선생은, 독립은 남이 주는 것이 아니라 스스로 쟁취하는 것이라며 비타협적 무력 투쟁을 몸으로 실천하다 옥사하였다. 이 시는 민족의 영산인 백두산에 오르면서 험한 산세와 등정의 어려움을 빗대어 독립운동가로서 힘든 고통을 스스로 한탄하는 내용이다. 신채호 선생의 국적회복과 후손들의 재산상속 문제로 현재까지도 법정 소송 중에 있다 하니, 이 시는 사후에도 여전히 힘든 독립운동가의 역경을 미리 예견한 격이 되었다. 얼마 전 송병준 명의의 땅은 대법원 판결로 지켰으나 이완용의 땅은 절반 이상을 그의 후손이 소송을 통하여 다시 강탈해 갔다.

한식날을 맞이하여 寒食松溪途中(한식송계도중)

이호민(李好閔, 조선)

한식날 봄바람이 아직은 매서운데
들판에선 참새와 제비 떼 높이 난다
하이얀 서리처럼 곱게 늙은 학 한 마리
바위 위에 홀로 서서 먼 바다를 꿈꾼다

  寒食東風剗地號(한식동풍잔지호)
  平郊燕雀羽毛高(평교연작우모고)
  千秋老鶴霜衣潔(천추노학상의결)
  獨立巖破夢海濤(독립암오몽해도)

* 剗(잔) : 할퀴다.
* 燕雀(연작) : 제비와 참새. 소인배를 지칭함. 학(鶴)은 고고한 선비나 학자를 상징함.
* 破(오) : 산에 돌이 많을 오. 산 우뚝할 오
* 濤(도) : 큰 물결. 波(파)는 물결, 浪(랑)은 작으며 흐르는 물결.

  동풍(東風)은 봄바람을 뜻하는데 땅을 할퀴며[剗] 부르짖고[號] 있으니 첫 구절부터 예사롭지 않다. 현실은 부드러운 봄바람에 꽃 피는 태평세월(太平歲月)이 아님을 암시하고 있다. 소인배[燕雀]들은 세상일에 아랑곳없이 저희들끼리 희희낙락(喜喜樂樂)이다. 그러나 천년을 살아온 늙은 학(鶴)은 서리처럼 차갑고 깨끗한 도포자락을 휘날리며 홀로 걸어가는 선비처럼 위엄(威嚴)이 있다. 학은 세상사를 걱정하며 산 속 바위 위에 앉아서 먼 바다에서 이는 큰 물결을 생각하고 있다. 자신을 고고(孤高)한 학이라 자처하는 선비의 오연(傲然)함이 보인다. 자신의 학식과 권력을 자신만을 위해 쓰면 연작(燕雀)이요, 남들과 사회를 위해 쓰면 학(鶴)이 된다.

안중근 의사 安重根(안중근)

김택영(金澤榮, 조선 말~일제 강점기)

황해 출신 장사가 두 눈 부릅뜨고
나라의 원수를 개 잡듯 죽였다
차마 죽지 못하다 이 좋은 소식 들으니
국화 옆에서 미친 듯 노래하고 춤춘다

    平安壯士目雙張(평안장사목쌍장)
    快殺邦讐似殺羊(쾌살방수사살양)
    未死得聞消息好(미사득문소식호)
    狂歌亂舞菊花傍(광가난무국화방)

* 邦讐(방수) : 나라 방 원수 수, 나라의 원수.
* 未死(미사) : 이미 죽었어야 하는데 아직 못 죽었다는 뜻.
* 傍(방) : 곁.

  1909년 10월 26일 안중근 의사가 하얼빈 역에서 이토 히로부미[伊藤博文]를 사살하였다. 1905년 을사늑약(乙巳勒約)으로 조선 강점(强占)을 추진하던 원흉(元兇)을 처단한 것이다. 김택영은 조선 말기의 학자다. 그는 1908년 중국으로 망명하여 출판활동을 하던 중 안 의사의 쾌거(快擧) 소식을 듣고 이 시를 지었다. 러일전쟁과 청일전쟁에서 승리한 일본은 조선을 이미 식민지로 만들고 있었다. 구한말 의병들과 동학군들을 처참하게 토벌하고 의기양양해진 이토 히로부미는 만주까지 집어삼키려 하던 중 사살된 것이다. 이 사건으로 중국 사람들은 조선 민족의 기개를 칭송하였다. 눈을 돌려 현실을 보자. 미국과 이스라엘로부터 침공을 당한 이라크나 팔레스타인 사람들이 어떤 생각을 하고 있을까.

칼을 갈며 劍客(검객)

가도(賈島, 당나라)

십 년 동안 오로지 칼 한 자루 갈았다
서릿발 같은 이 칼을 아직 써보지 못했다
오늘에야 그대에게 보여 주고자 하노라
어느 놈인가 공평하지 못한 자가

　十年磨一劍(십년마일검)
　霜刀未曾試(상도미증시)
　今日把示君(금일파시군)
　誰爲不平事(수위불평사)

* 曾(증) : 1) 거듭하다. 더하다. 2) 일찍이. 이전에. 여기서는 2)의 뜻.
* 把(파) : 움켜쥐다. 손잡이.
* 不平事(불평사) : 불공평한 일. 불만스러워 못마땅한 일.

대단한 집념이다. '십 년 동안 이 칼 한 자루를 갈아 왔다. 시퍼런 칼은 서릿발 같은 차가운 광채를 내뿜는다. 오늘 드디어 이 칼을 써야할 때가 온 것 같다. 모든 인간이 평등하거늘 이를 거스르는 자가 누구인가. 내가 기필코 그를 응징하리라.' 칼은 도구에 불과하다. 그래서 강도가 들면 흉기가 되고, 이 시의 주인공과 같은 의인(義人)이 들면 정의(正義)의 화신(化身)이 된다. 펜은 칼 보다 강하다. 언론이 무력이나 권력 보다 강하다는 뜻으로 널리 쓰이는 경구다. 언론이라는 칼이 반민족적인 수구세력의 손아귀에 들리면 무서운 흉기가 된다. 공평하지 못한 자들을 응징하는 정의의 칼들이 이 나라 삼천리 방방곡곡에서 지금도 때를 기다리며 날을 세우고 있으리라.

우리땅을 되찾자 還我江山(환아강산)

작자 미상(청나라 말 민요)

우리 국토를 돌려받자, 우리 주권을 되찾자
칼산에 불바다라도 우리는 용감히 뚫겠다
어찌 황제인들 겁내며, 어찌 외세에 굴복하랴
서양 놈들 박살내지 않으면 우리 맹세 못 이루리

> 還我江山還我權(환아강산환아권)
> 刀山火海爺敢鑽(도산화해야감찬)
> 那怕黃上服了外(나파황상복료외)
> 不殺洋人誓不完(불살양인서불완)

* 爺(야) : 아비. 노인에 대한 존칭. 도련님.
* 敢(감) : 구태여. 과단성 있음. 용맹스러움.
* 鑽(찬) : 뚫다. 송곳.
* 怕(파) : 두려워하다.
* 黃上(황상) : 황제. 오방(五方=동서남북과 중앙) 중 중앙의 색이 황(黃). 직역하면 한가운데 맨 위.

아편전쟁(1840) 이후 중국 청나라는 서양 제국의 각축장이 되었다. 알고 보니 종이 호랑이였다고 비웃음을 받으며 영국, 프랑스, 독일은 물론 일본에게도 영토를 빼앗기기에 이르렀다. 황제는 무능하고 지배층은 권력 다툼과 부패로 자기 몫 챙기기에 여념이 없었다. 망해가는 국가를 살리고 도탄에 빠진 백성을 구하고자 곳곳에서 의병들이 일어났다. 이 시는 의화단운동(1900) 당시 의병들이 부르던 군가이자 민중가요. 손문의 삼민주의는 민족 민권 민생인데, 이 시 첫 귀부터 민족과 민권사상을 직설적으로 주창하고 있다.

대나무 竹(죽)

후지모리(藤森大雅, 일본)

깊은 산속 외딴길 천 그루의 대나무들
눈 내려 쌓였을 적 서로 기대어 버티더라
머리를 숙였다고 그대여 웃지 말게
높은 절개 지키며 끝내 변치 않더라

幽徑千竿竹(유경천간죽)
相依積雪時(상의적설시)
低頭君莫笑(저두군막소)
高節不曾移(고절불증이)

* 幽徑(유경) : 인적이 없는 외딴 길.
* 竿(간) : 장대. 대나무 줄기.
* 莫(막) : ~아니다. ~하지 마라.
* 曾(증) : 일찍이. 지금까지. 거듭.

    1853년 미국의 페리 선장이 네 척의 군함을 끌고 와 무력시위를 하며 일본의 開國(개국)을 강요하자 도쿠가와[德川] 막부는 존왕양이파(尊王攘夷派)와 좌막개국파(佐幕開國派)로 국론이 나뉘어 혼란을 거듭하다가 이듬해 미일강화조약(米日講和條約)을 맺고 문호를 개방하게 된다. 그 여파로 경제와 정치 등 사회 전반에 걸쳐 일어난 변화를 수습하지 못한 막부는 1867년 무너지고 메이지 왕이 정권을 잡게 된다. 후지모리[藤林大雅]는 이 시절 양이파에 속했던 사람이다. 이 시인은 명치유신(明治維新) 이전 막부의 탄압이 거세어질 때 머리를 낮출지언정 절개를 잃지 않겠다는 뜻을 표하고 있다. 동지들끼리 서로 의지하여 엄혹한 핍박(逼迫)을 견디고 그 뜻을 간직해 나가자는 다짐을 하고 있다.

길가에서 路傍松(노방송)

김정(金淨, 조선)

해풍에 실어 슬픈 노래 멀리 보내노라
산 위로 달 높이 뜨니 여윈 그림자 성글다
곧은 뿌리 땅 속 깊이 내리고 있기에
눈서리 쳐도 높은 가지 부러지지 않노라

 海風吹送悲聲遠(해풍취송비성원)
 山月高來瘦影疎(산월고래수영소)
 賴有直根泉下到(뢰유직근천하도)
 霜雪標格未全除(상설표격미전제)

* 路傍(노방) : 길가. 길 옆. 노방송(路傍松)=(깊은 산 속이나 잘 다듬어진 정원이 아니고) 길가에 있는 소나무.
* 瘦(수) : 파리하다. 여위다. 가늘다. 수영소(瘦影疎)는 곤경에 처한 자신의 초췌한 모습.
* 直根泉下到(직근천하도) : 직근(直根)은 자신의 곧은 절개. 천하도(泉下到)는 땅 속 깊이 박혔다는 뜻.
* 標(표) : 표하다[表]. 적다[記]. 쓰다[書]. 여기서는 높은 가지[高枝]란 뜻.

 자신을 소나무로 형상화하여 꿋꿋한 기상과 곧은 절개를 꺾이지 않겠다는 의지를 다짐하고 있다. 김정(金淨)은 조광조와 함께 사림파의 핵심인물로 개혁과 왕도정치를 추진하였다. 이 과정에서 기득권 세력의 반발을 사게 되어 조광조는 사형당하고, 김정은 제주도로 귀양 가게 되니 이 사건이 기묘사화(己卯士禍)다. 이 시는 제주도로 귀양 가는 길에 썼다. 그는 결국 유배지 제주도에서 사약을 받고 죽었다. 자신의 정치이상이 좌절되고 목숨마저 경각에 달려있는 상황에서 피를 토하는 심정으로 지은 이 시에서 우리는 조선 선비의 무게를 가늠해 볼 수 있다.

영웅을 기리며 夏日絶句(하일절구)

이청조(李淸照, 송나라)

살아서는 당연히 사람 중 호걸이었고
죽어서도 역시 귀신 중 영웅이리라
지금까지도 항우를 그리워하는 것은
강동으로 후퇴하지 않았기 때문이다

　生當作人傑(생당작인걸)
　死亦爲鬼雄(사역위귀웅)
　至今思項羽(지금사항우)
　不肯過江東(불긍과강동)

* 當(당) : 마땅히.
* 至今(지금) : 至于今(지우금)의 준말. 지금까지.
* 肯(긍) : 기꺼이 ~하려 하다.

　역사는 승자의 기록이다. 한고조 유방(漢高祖 劉邦)은 천하를 통일한 후 진시황(秦始皇)을 난폭한 독재군주로, 라이벌 항우(項羽)는 힘만 셌지 미련하고 거만한 소인배로 격하시켰다. 유방(劉邦)은 사려 깊고 처세에 능한 반면 친구의 다리 밑으로 기어 갈 만큼 현실적이고 비굴한 면도 있었다. 항우가 유방에게 패하여 오강(烏江)까지 밀리자 참모들이 강동(江東)으로 건너가 병력을 재정비한 후 미래를 도모(圖謀)하자고 건의하였다. 이에 항우가 말하길 강동자재 팔천 명을 끌고 와 모두 죽였으니 그들 부모를 볼 면목이 없다며 배수진(背水陣)을 치고 결사항전하자고 했다. 항우는 이 전투에서 유방에게 지자 자결한다. 남송(南宋)시대 여류시인인 이청조(李淸照)는 금(金)나라에 항복할 것을 주장하는 주화파(主和派)의 나약함을 멋있는 사나이 항우를 빌어 질타하고 있다.

사신으로 금나라에 들어가며 奉使入金(봉사입금)

진화(陳澕, 고려)

서쪽 중화는 이미 쓸쓸히 기울었고
북쪽 변방은 아직 어둡고 몽매한데
문명의 아침을 기다리며 앉았노니
동쪽 하늘에 아침해가 붉게 떠오른다

西華已蕭索(서화이소삭)
北塞尚昏夢(북새상혼몽)
坐待文明旦(좌대문명단)
天東日欲紅(천동일욕홍)

* 奉(봉) : 받들 봉. 여기서는 하명을 받음의 뜻.
* 西華(서화) : 서쪽 중화(中華). 당시 송(宋)나라를 의미함.
* 蕭索(소삭) : 분위기가 몹시 쓸쓸함. 소조(蕭條)와 같은 뜻.
* 北塞(북새) : 북쪽 변방. 당시 금(金)나라를 의미함.
* 天東(천동) : 고려(高麗)를 의미함.

12세기 말엽 국제정세는 혼돈 그 자체였다. 찬란한 문명과 풍요를 구가하던 송(宋)나라는 여진족이 세운 금(金)나라에 이미 망해서 화남지방에서 겨우 명맥을 유지하고 있었고 금(金)나라는 미개한 상태에서 갑자기 중원을 지배하게 되어 혼돈상태에 빠져 있었다. 무신정권이었던 고려는 남송(南宋)을 지원하는 명분파와 금(金)나라의 힘을 우선시하는 현실파가 서로 팽팽하게 맞서고 있었다. 이 시인은 고려(高麗)의 사신으로 금(金)나라에 들어가서 국제정세와 역사를 생각하며 조국 고려(高麗)에서 희망을 찾고 있다. 백여 년 후, 새로운 나라의 국호가 된 조선(朝鮮)은 이미 이때부터 태동하고 있었나 보다. 현재 우리 민족에게는 어떤 희망이 있을까?

깊은 산속 소나무 松山幽居(송산유거)

정구(鄭矩, 고려 말~조선 초)

내 집 앞의 늙은 소나무 한 그루
백 년 세월 봄비 맞아 털 푸른 용이 됐다
저문 날 눈서리가 깊은 골짝 다 메워도
보게나 우뚝 솟은 빼어난 저 기상

蓬蓽門前一老松(봉필문전일노송)
百年春雨養髥龍(백년춘우양염룡)
暮天霜雪埋窮壑(모천상설매궁학)
看取亭亭特秀容(간취정정특수용)

* 蓬蓽(봉필) : 쑥 봉(蓬), 대나무로 엮은 문 필(蓽). 누추한 집. 자기 집을 낮추어 표현함.
* 髥(염) : 구레나룻 수염.   * 壑(학) : 골짜기.
* 亭亭(정정) : 우뚝 솟은 모양. 노인이 건강한 모습.

겨울이 되어야 솔의 푸르름을 안다. 이 시에 나오는 노송은 오랜 풍상(風霜)에 줄기가 굽었다. 그러나 그 모습이 추하거나 흉하지 않고 감히 범접하지 못하도록 위용을 갖추어 마치 한 마리 용의 모습이 되었다. 날이 저물어 가고 온 천지(天地)가 눈으로 덮였어도 홀로 푸른 노송은 힘들고 어려운 인고(忍苦)의 세월동안 절개(節槪)를 지켜 스스로 위엄을 갖춘 어른을 떠오르게 한다. 흔치는 않지만 우리 주변에도 항일 독립운동과 반독재 투쟁으로 평생을 변함없이 힘들게 살아 노송(老松)과 같은 기상(氣像)을 간직한 원로(元老)들이 있다. 백설(白雪)이 만건곤(滿乾坤)할 제 독야청청(獨也靑靑)하리라는 성삼문의 시조처럼 간난(艱難)의 세월을 유혹과 위협에 굴하지 않고 꿋꿋이 살아온 어르신들이 더욱 그립다.

음산관문에서 出塞(출새)

왕창령(王昌齡, 당나라)

진나라 때 그 달이요 한나라 때 그 관문인데
먼 전쟁터 나간 사람 아직 돌아온 이 없어
한나라의 비장군이 오늘날 있었더라면
오랑캐의 말발굽이 음산을 못 넘었으리

秦時明月漢時關(진시명월한시관)
萬里長征人未還(만리장정인미환)
但使龍城飛將在(단사용성비장재)
不敎胡馬度陰山(불교호마도음산)

* 但(단) : 다만.
* 使(사) : 만일 ~하면. 하여금. 가령.   * 敎(교) : ~하게 하다.
* 飛將(비장) : 한나라 장군 李廣(이광)의 별명.
* 陰山(음산) : 내몽고 지역 산. 고대 유목민과 중국의 경계.

원(元)이나 청(靑)나라처럼 북방민족이 중국을 통일했던 적이 있었지만 그들은 한족(漢族)에 동화(同化)되거나 소수민족으로 몰락하였다. 현재 중국에서 주류를 이루는 한족(漢族)들은 그들이 처음으로 중국을 통일한 진시황(秦始皇)을 높이 보며, 국력이 중국 역사상 최강이었던 한(漢)나라 시절을 동경한다. 한족(漢族)이란 이름도 한(漢)나라에서 유래한 것이다. 한족(漢族)들의 애국심을 고취하는 이 시는 당나라 최고의 절구로 인정받으며 지금까지 애송되고 있다. 오늘날 중국 정부는 소수민족 우대 등 긍정적인 면도 있지만 동북공정이나 티베트 강점 등 제국주의와 다를 바 없는 부정적인 정책도 동시에 추진하고 있다. 중국의 중화사상(中華思想)과 한족패권주의(漢族覇權主義)를 우리 한민족은 주시하며 경계할 필요가 있다.

천왕봉에서 天王峰(천왕봉)

조식(曺植, 조선)

보시오 천 석들이 커다란 저 종을
세게 두드리지 않으면 소리가 안 나
예로부터 지리산엔 천왕봉이라네
하늘은 울릴지언정 산은 울리지 않아

請看千石鍾(청간천석종)
非大扣無聲(비대구무성)
萬古天王峰(만고천왕봉)
天鳴猶不鳴(천명유불명)

* 天王峰(천왕봉) : 지리산의 주봉.
* 扣(구) : 두드리다.
* 鳴(명) : 새가 울다. 울리다.
* 猶(유) : 오히려.

천왕봉이 종(鍾)이라면 어찌 쌀 천 석 만 들어가겠는가. 멀리서 보니 그 정도 크기라는 거지. 조식(曺植)은 유년기와 노년기를 지리산 기슭 덕산에 자리 잡고 천왕봉을 쳐다보며 살았다. 이 시에서 조식은 천왕봉을 큰 종에 비유하고 큰 종을 또한 자신에 비유하였으니 결국은 자신을 천왕봉으로 비유하였다. 하늘은 이따금 천둥 번개도 치고 맑았다 흐렸다 하지만 하늘의 왕인 천왕봉은 어떠한 큰 일이 닥쳐도 항상 같은 모습이다. 자신의 부귀(富貴)와 영달(榮達)이나 세간(世間)의 잡다한 일에 아랑곳 않고 오로지 참 진리를 찾는 학문에 매진(邁進)하며 그 당시로 봐서는 국가와 인류의 보편적 가치를 지향하였던 조식은 자신이 바라던 대로 천왕봉을 닮은 큰 선비가 되었다.

자연의 순리 不亦快哉行(불역쾌재행)

정약용(丁若鏞, 조선)

푸른 시내 굽어진 곳, 돌 더미로 둑이 막혀
가득이 고인 물이 넘칠 듯 굽이 돈다
긴 삽 들고 일어나, 쌓인 모래 뚫어 주니
솟구쳐 터지는 물, 우레같은 기세로다

疊石橫堤碧澗隈(첩석횡제벽간외)
盈盈瀦水鬱盤廻(영영축수울반회)
長鍤起作囊沙決(장삽기작낭사결)
澎湃奔流勢若雷(팽배분류세약뢰)

* 疊(첩) : 거듭 첩(重). 쌓을 첩(積).
* 隈(외) : 물이 굽어 든 곳. 모퉁이.
* 鬱(울) : 무성하다. 막히다. 답답하다. 여기서는 막히다의 뜻.
* 鍤(삽) : 가래 삽.
* 囊沙(낭사) : 漢의 韓信이 모래주머니로 상류를 막았다 터뜨려 적을 수몰시킨 故事, 囊沙 之計에서 온 말. 囊沙決(낭사결): 모래주머니를 끊어 물길을 터놓다. 決=결단. 물길 트다. 끊다. 이별하다. * 澎湃(팽배) : 물결이 서로 부딪쳐 솟구침. 彭湃로 쓰기도 함.

   비가 많이 내렸다. 상류로부터 떠내려 온 돌과 모래흙이 시냇물 굽어진 곳에 쌓여 둑이 되었다. 막힌 물이 넘실대며 제자리에서 맴돌고 있다. 쳐다보자니 갑갑하기 이루 말할 수 없다. 삽을 들고 나가 물꼬를 터주니 우레 같은 기세로 흘러 내려간다. 답답한 가슴이 확 트인다. 이 아니 통쾌한가? 다산 정약용 선생은 실학파의 거두(巨頭)이자 대사상가다. 1997년 유네스코 세계문화유산으로 지정된 수원 화성(華城)을 축조할 때 거중기를 고안한 기술자이기도 하다. 그의 수많은 저서 중 하나인 목민심서(牧民心書)는 지금도 공직자들의 교훈서로 많이 읽히고 있다.

지난날을 뒤돌아보며 述懷(술회)

유방선(柳方善, 고려 말~조선 초)

띠풀을 엮어서 지붕을 이고
대나무 심어서 울타리 삼았네
그런 대로 산 속에 사는 맛을
세월이 갈수록 혼자서 느끼네

結茅仍補屋(결모잉보옥)
種竹故爲籬(종죽고위리)
多少山中味(다소산중미)
年年獨自知(년년독자지)

* 述懷(술회) : 마음에 품은 생각을 말함.
* 茅(모) : 띠.
* 仍(잉) : ~로 인하여. 전과 그대로. 자주 거듭하여. 즉.
* 籬(리) : 울타리.

　동양의 고전예술은 주로 균형(均衡)과 절제(節制)된 아름다움을 바탕으로 하고 있다. 한시도 역시 기승전결(起承轉結)이라는 균제(均齊)된 형식을 따르고 있는 게 보편적이다. 이 시를 언뜻 스치듯 읽으면 '초가집 짓고, 대나무 울타리 치고, 산속에 사는 맛을 홀로 느끼노라' 하는 그저 그런 밋밋하고 맨송맨송한 느낌이 든다. 그러나 음미할수록 감칠맛이 나는 시다. 초가집은 검약(儉約)과 한빈(寒貧)이고, 대울타리는 절개(節槪)와 탈속(脫俗)을 의미한다. 초가와 대나무로 상징되는 산 속 생활이 한빈과 탈속의 맛과 멋을 듬뿍 안겨 주는 게 아니고 다소간(多少間)이다. 많든 적든 따지지 않는 초월(超越)의 경지다. 나이가 들수록 홀로 깨달음을 얻게 된다. 드디어 해탈(解脫)이다. 평생 벼슬을 사양하고 학문에 힘쓴 저자의 기풍(氣風)이 드러난다.

낙서재 풍경 樂書齋偶吟(낙서재우음)

윤선도(尹善道, 조선)

보는 것은 청산이요 듣는 건 거문고니
세상 일 어떤 것이 내 마음에 들어오랴
내 마음 속 바른 기운 알아주는 이 없어
미친 듯 노래 한 곡 나 홀로 읊노라

眼在靑山耳在琴(안재청산이재금)
世間何事到吾心(세간하사도오심)
滿腔浩氣無人識(만강호기무인식)
一曲狂歌獨自吟(일곡광가독자음)

* 腔(강) : 창자, 뼈대.
* 浩氣(호기) : 호연지기(浩然之氣)의 준말. 마음이 바르고 뜻이 큰 기운. 넓고 큰 마음.

'오우가(五友歌)'와 '어부사시사(漁父四時詞)'로 유명한 고산(孤山) 윤선도(尹善道)는 성품이 과격할 정도로 강직하고 엘리트의식이 강한 분이었다. 남인(南人)인 윤선도는 서인(西人) 송시열에게 정치적 핍박을 받아 일생의 대부분을 오지(奧地)에서 유배와 해남에서 은거(隱居)로 보냈다. 그러나 해남생활은 호화판이었다. 백성들을 동원하여 곳곳에 집과 정자를 지었으며 큰 연못을 만드는 등 민폐(民弊)가 심했다. 지금도 해남과 보길도 지역 주민들 일부는 윤선도를 싫어할 정도다. 유학자로서 충효(忠孝)는 있으되 민주(民主)와 애민(愛民)사상은 부족했던 분이다. 이 시에서도 좋은 경치와 음악을 즐길 뿐 세상일에 초월한 것처럼 말하다가(전반부) 자신을 알아주는 이 없음을 한탄하고 있을 뿐이다(후반부). 당시 권력을 가진 서인에게 철저히 견제당하는 그의 울분이 내심 이해되기도 한다.

행 복

행 복 四喜詩(사희시)

성삼문(成三門, 조선)

칠년 가뭄 끝에 단비를 만남이요
천리타향에서 고향 친구 만남이요
소년 장원 급제하여 금방에 걸린 명시요
신방에 불 밝힌 신랑 신부 첫날밤이라

七年大旱逢甘雨(칠년대한봉감우)
千里他鄕逢故人(천리타향봉고인)
少年金榜掛名詩(소년금방괘명시)
無月洞房華燭夜(무월동방화촉야)

* 金榜(금방) : 금 칠한 게시판. 장원 급제한 사람의 답안지를 거는 판.

  우리 민족은 새해 원단(元旦)마다 세배(歲拜)를 드리며 덕담(德談)을 나눕니다. 그래서 여기에서도 덕담 몇 마디 올립니다. 새해에는 삼천리 방방골골 농사 형제들은 칠 년 가뭄 끝에 단비 만나듯 농산물 제 값 받기 풍년 복 받으시고, 남북이 갈린 우리 민족에게는 천리타향에서 고향친구 만나듯 통일 이루는 복이 임하소서. 또 새해에는 모든 수험생들에게 합격 소식이요, 모든 구직자들에게는 취직 복을 주소서. 이 땅의 모든 선남선녀 사랑 꿈 이루소서. 끝으로 제발 우리나라 경제가 확 풀리소서. 그리고 진정코 모든 전쟁터에 평화가 이루어지소서. 기쁨이 가득한 한 해가 되기 바라옵니다.

아름다운 봄날 春鶯(춘앵)

김인경(金仁鏡, 고려)

정원의 붉은 꽃은 비단에 수놓은 듯
궁궐의 푸른 버들은 낚싯줄 늘어진 듯
목청도 고와라 갖은 솜씨 갖추었다
봄날의 꾀꼬리는 사람 혼을 빼는구나

園花紅錦繡(원화홍금수)
宮柳碧絲綸(궁류벽사륜)
喉舌千般巧(후설천반교)
春鶯却勝人(춘앵각승인)

* 鶯(앵) : 꾀꼬리.
* 綸(륜) : 낚싯줄. 거문고 줄. 푸른 인끈=綸音, 綸旨. 임금님의 말씀.
* 喉(후) : 목구멍.
* 巧(교) : 솜씨 있다. 아름답다. 교묘하다.

김인경은 고려 명종과 고종 2대에 걸쳐 여러 벼슬을 산 사람이다. 거란과의 전쟁에서 손자병법을 응용하여 큰 공을 세우기도 했다. 이 시는 궁궐의 잔칫날 임금님 앞에서 즉흥적으로 읊은 것이다. 그냥 읽으면 봄날 궁궐의 풍경과 꾀꼬리의 아름다운 소리를 묘사한 평범한 시처럼 보이지만, 임금님의 목소리를 꾀꼬리 소리에 비유하며 임금님의 말씀이 모든 신하들을 감복시킨다는 이중의 의미를 가진다. 둘째 구절의 사륜(絲綸)이 '푸른 낚싯줄'이라는 뜻과 '임금님의 말씀'(王言)이란 두 가지 의미를 가지고 있기 때문이다. 王言如絲 其出如綸이라, 예기(禮記)에 나오는 말이다. 버들가지와 윤음(綸音)과 꾀꼬리를 연결시켜 박식과 재치를 자랑하는 동시에 임금을 추켜세운다.

깨우침의 소리 悟道頌(오도송)

한용운(韓龍雲, 조선 말~일제 강점기)

남아가 가는 곳 그 어디나 고향이건만
나그네 시름에 겨운 사람 그 몇이던가
한 소리 질러 온 우주를 깨우쳐 밝히니
펄펄 날리는 눈 속에 복사꽃이 붉도다

　　男兒到處是故鄕(남아도처시고향)
　　幾人長在客愁中(기인장재객수중)
　　一聲喝破三千界(일성갈파삼천계)
　　雪裡桃花片片紅(설리도화편편홍)

* 悟道(오도) : 도를 깨우침. 悟道頌(오도송)=승려들이 도를 깨닫고 지은 시가.
* 到處(도처) : 가는 곳마다의 여러 곳.
* 幾(기) : 빌미 기(조짐, 전조). 때 기. 얼마 기. 몇 기.
* 喝破(갈파) : 잘못된 것을 깨고 진리를 말하여 밝힘.
* 三千界(삼천계) : 넓은 세상. 우주. 삼천대천세계(三千大千世界)의 준말. 불교에서는 우주공간이 10억 개의 태양계로 이루어졌다고 한다. 1천 개의 태양계는 소천(小千), 1천 개의 소천은 중천(中千), 1천 개의 중천(中千)은 대천세계(大千世界)가 된다.
* 裡(리) : 안. 속. 내면. 리(裏)의 속자(俗字).

　　항일운동가, 불교사상가, 시인으로 집약되는 만해 한용운(卍海 韓龍雲) 스님은 기미독립선언(3.1운동)을 주도하고 끝까지 변절하지 않은 민족지사다. 1917년 12월 3일 밤 10시경 설악산 오세암에서 좌선 중 홀연히 깨달음을 얻고 시간과 공간 속에서 내 존재를 깨달았다. 진리는 피안의 세계가 아닌 현실 속에서 찾아야 한다. 눈보라와 삭풍이 몰아치는 춥고 엄혹한 세상이지만 나의 일편단심은 붉은 꽃과 같도다.

자연의 즐거움 田園樂(전원락)

왕유(王維, 당나라)

복숭아꽃 밤비 머금어 더욱 붉고
연초록 버들잎은 아침안개 두른 듯
떨어진 꽃잎을 아이 아직 아니 쓸고
꾀꼬리도 우는데 손님은 아직 꿈결

桃紅復含宿雨(도홍부함숙우)
柳綠更帶朝煙(유록갱대조연)
花落家童未掃(화락가동미소)
鶯啼山客猶眠(앵제산객유면)

* 復(부) : 다시 부. 돌아갈 복. 겹칠 복.
* 更(갱) : 다시 갱. 바꿀 경. 시각 경.
* 鶯(앵) : 꾀꼬리(鸚:앵무새, 櫻:앵두).
* 猶(유) : 원숭이 유. 망설일 유. 오히려 유. 여기서는 아직도, 여전히 유.

전원락(田園樂)이란 제목의 연작시 7수 중 여섯 번째 작품이다. 이 시의 특징은 한 구가 다섯 자나 일곱 자로 되어 있는 일반적인 한시의 형식을 벗어난 6언 절구다. 그래서 작자도 六言走筆成(육언주필성 : 붓을 달려 6언시를 짓다)라고 부제를 달았다. 대조연(帶朝煙)은 버드나무에 물이 올라 움이 틀 때 멀리서 보면 연록색의 뽀얀 연기가 피어오르는 것처럼 보이는 것을 표현한 말이다. 이 시의 전반부는 이른 봄의 풍경을 마치 그림을 그린 듯 묘사했다면 후반부에서는 전원생활의 한가한 멋을 표현하고 있다. 꽃잎은 쓸어 무엇 할 것이며, 이른 아침부터 일어나 번거롭게 바쁜 척할 것은 또한 무어란 말인가. 왕유는 시인이자 화가였다. 훗날 소동파는 "시 속에 그림이 있고, 그림 속에 시가 있다"고 왕유를 평했다.

여름날의 즐거움 夏日卽事(하일즉사)

이규보(李奎報, 고려)

홑적삼으로 대자리 시원한 마루에 누웠더니
두세 번 꾀꼬리 울어울어 단꿈을 깨운다
무성한 잎에 가려진 꽃은 봄이 갔어도 피어 있고
옅은 구름 뚫는 햇살은 빗속에서도 밝다

輕衫小簟臥風欞 (경삼소점와풍령)
夢斷啼鶯三兩聲 (몽단제앵삼량성)
密葉翳花春後在 (밀엽예화춘후재)
薄雲漏日雨中明 (박운루일우중명)

* 簟(점) : 대자리.
* 欞(령) : 난간. 완자 창살.
* 三兩聲(삼량성) : 석 三, 두 兩, 소리 聲. 즉 두세 마디소리.
* 翳(예) : 깃으로 만든 양산. 가리다. 숨다.

여름 날 오후, 바람이 잘 통하는 대청마루 바닥에 조그만 대자리를 깔고 모시 홑적삼 바람으로 누워 낮잠을 즐긴다. 얼마나 적적한 곳이었으면 꾀꼬리 두세 번 우는 소리에 낮잠을 깼을까. 이 시의 전반부는 초야에 묻혀 사는 한가로운 삶을 묘사했다. 그러나 이 시인은 단순히 한가로운 삶을 즐기고 있는 것이 아니다. 무성한 나뭇잎에 가려진 응달 속에서 늦게 핀 꽃으로 자신의 처지를 표현하고 있다. 더 나아가서 구름 낀 하늘에 빗방울이 후두둑 떨어지지만 햇살이 구름을 뚫고 밝게 비치듯이 희망을 간직하고 있다. 조선조 후기, 문인 신위(申緯)는 후반 두 구절을 '密葉翳花雲漏日(밀엽예화운루일)'로 압축하여 차용하기도 했다.

새소리를 들으며 後夜聞鳥(후야문조)

석공해(釋空海, 일본)

조용한 숲 속 초당에 홀로 앉은 새벽
불법승 삼보 소리로 우는 새소리
새는 그저 소리 내지만 사람에겐 마음이 있어
소리와 마음이 구름과 물처럼 어우른다

　閑林獨坐草堂曉(한림독좌초당효)
　三寶之聲聞一鳥(삼보지성문일조)
　一鳥有聲人有心(일조유성인유심)
　聲心雲水俱了了(성심운수구료료)

* 釋空海(석공해) : 空海(공해)스님. 釋(석)은 일본에서 스님의 法名(법명) 앞에 姓(성)처럼 붙인다.
* 後夜(후야) : 오전 5시 경. 새벽.
* 三寶(삼보) : 불교의 세 가지 보물. 즉 佛(불, 부처) 法(법, 교리) 僧(승, 스님)
* 俱(구) : 1)함께. 2)갖추다.　　*了(료) : 1)마치다. 2)이해하다.

　어느 스님이 숲 속에 있는 초당에 홀로 앉아 밤을 새워 참선(參禪)을 한다. 새벽이 되자 어디선가 '훗뺏소 훗뺏소'하고 우는 새소리가 들려온다. 새는 아무 생각없이 밤새워 똑같은 소리로 울고 있지만 이 구도자의 귀에는 새벽이 되어서야 비로소 불법승(佛法僧, 일본어 발음으로 훗뺏소) 소리로 들린다. 새소리와 구도자의 마음이 드디어 서로 감응(感應)한 것이다. 이 순간 피안(彼岸)의 구천세계(九泉世界)에서 구름과 물이 서로 하나이듯이 이 세상의 모든 사물이 그 본성에 있어서 진리로 귀착(歸着)된다는 깨달음을 얻었다. 또한 모든 진리는 그 사물 자체에 있지 않고 자신의 마음속에 있다는 깨달음을 얻었다. 객아일체(客我一體) 물아일여(物我一如)다.

소를 타고 있노라니 偶吟(우음)

양팽손(梁彭孫, 명나라)

소 타기가 좋은 줄 아직까지 몰랐는데
말이 없고 나니 이제야 알겠구나
석양이 비낀 향그러운 풀밭 길을
봄날의 해도 함께 더디 더디 가고 있네

　不識騎牛好(불식기우호)
　今因無馬知(금인무마지)
　夕陽芳草路(석양방초로)
　春日其遲遲(춘일기지지)

* 偶吟(우음) : 언뜻 떠오르는 생각을 시로 읊음.
* 遲(지) : 더디다 느리다 뒤지다.

"말이 없고 나서야 비로소 알게 되었지만 소를 타는 것도 좋더구만. 해 저문 석양 무렵에 향그러운 풀밭 길을 소를 타고 천천히 가노라니 봄날이라 해도 길더구만. 급한 일도 없는데 빨리 가면 뭐하나. 여보게 친구야 우리 느리게 살자꾸나."

요즘 세상 버전으로 바꿔 풀어 보자.

"자가용이 없고 나서야 비로소 버스나 전철을 타는 것도 좋다는 걸 알았소. 우리는 무엇을 위해 그리 바쁘게 살고 있나요? 마음을 비우면 여유가 생긴다오. 느림의 미학을 진지하게 생각해 봅시다 그려."

바쁜 생활 속에서도 유유자적하는 여유를 가지면 아마도 지금보다 훨씬 행복할 것이다. 그러한 사람들이 많아지면 세상도 지금보다 훨씬 좋아질 것이다.

신선이 노는 세계 峯瀛(봉영)

강희안(姜希顔, 조선)

이 강산 산봉우리 서로서로 화합하고
강변의 나무들 모두모두 가지런해
하늘의 구름은 서로 원근을 못 따지니
어디에 이런 신선세계가 있으랴

江山峯巒合(강산봉만합)
江邊樹木平(강변수목평)
白雲迷遠近(백운미원근)
何處是峯瀛(하처시봉영)

* 峯巒(봉만) : 산꼭대기의 날카로운 봉우리들.
* 合(합) : 만나다. 합하다. 화합하다.
* 平(평) : 평탄[坦]. 바르다[正]. 고르다[均]. 쉽다[易]. 친하다[和]
* 蓬瀛(봉영) : 봉래(蓬萊)와 영주(瀛洲).

예사롭지 않은 시다. 언뜻 보면 강변의 경치를 묘사하고 감탄하는 것처럼 보이지만 곱씹어 보면 깊은 뜻이 담긴 시다. 봉만(峰巒) 즉 산봉우리는 지배층을 뜻한다. 수목(樹木)은 백성을 의미한다. 흰 구름은 왕족 또는 이념을 나타낸다. 여러 지배세력들이 서로 화합하고 백성들은 평등과 균배(均配)를 누리며 권력세력은 각자의 이념을 조화롭게 아우른다. 이런 세상에 사는 이들은 모두 신선들이 아니겠는가. 사기(史記)와 한서(漢書)에 보면 황해 건너편에 봉래(蓬萊), 방장(方丈), 영주(瀛洲) 라는 세 곳이 있는데 그 곳에는 신선이 살고 있다고 나온다. 물론 우리 한반도에 대한 기록이다. 그러나 평화와 평등이 있으면 어딘들 선계(仙界)가 아니겠는가.

낮잠에서 깨어 睡起(수기)

서거정(徐居正, 조선)

발그림자 점점 깊숙이 들어오고
연꽃 향기는 끊임없이 풍겨 오네
혼자서 낮잠 자다 꿈을 깨어 보니
오동잎에 떨어지는 빗소리가 급하네

簾影深深轉(렴영심심전)
荷香續續來(하향속속래)
夢回孤枕上(몽회고침상)
桐葉雨聲催(동엽우성최)

* 荷(하) : 연꽃.   * 續續(속속) : 연이어서. 계속해서.
* 催(최) : 재촉하다.   * 折旋蟻封(절선의봉) : 개미둑[蟻封] 사이에서 꺽고[折] 돈다[旋]. 《朱子(주자)》의 경재잠(敬齋箴)에 나오는 말로, 절도를 잃지 말고 세밀하게 신경 쓰라는 뜻.

나이 든 선비 한 분이 여름날 오후 연못가에 지어진 정자에서 발을 드리우고 낮잠을 자고 있다. 해가 기울며 발그림자가 마룻바닥 깊숙이 들어온다. 물 위로 고개를 쳐든 연꽃들은 향기를 솔솔 풍기고 있다. 지나가는 여우비가 넙적한 오동잎을 때리는 소리에 잠에서 깨어났다. 후드득 떨어지는 빗소리는 시원하고 막 낮잠에서 깬 이 선비는 심신(心身)이 개운하다. 이 시를 감상하는 우리도 덩달아 시원하고 개운하다. 후세에 허균(許均)이 이 시를 평하길 절선의봉(折旋蟻封)이라 했다. 개미 둑에서 방향을 틀고 돈다는 말로 좁은 곳에서도 조심해서 잘 움직인다는 뜻인데, 평범한 소재를 가지고 세련되고 산뜻한 시를 짓는 능력이 있다는 호평(好評)을 한 것이다. 더운 여름에 이 시원한 시 한 수는 찬 수박 맛이다.

매화를 마주보며 陶山月夜詠梅(도산월야영매)

이황(李滉, 조선)

홀로 창가에 기대서니 산 속의 밤 차갑고
매화 꽃핀 가지 끝에 떠오르는 둥근 달
잔바람일망정 구태여 다시 불러 무엇 하리
스스로 피어나는 맑은 향이 집 안에 가득하거늘

獨倚山窓夜色寒(독의산창야색한)
梅梢月上正團團(매초월상정단단)
不須更喚微風至(불수갱환미풍지)
自有淸香滿院開(자유청향만원개)

* 詠(영) : 읊다.　　　* 倚(의) : 기대다. 의지하다.
* 梢(초) : 나뭇가지.　* 喚(환) : 부르다. 청하다.
* 不須(불수) : ~할 필요 없다. 반드시 ~하지 마라.

　　퇴계 이황(退溪 李滉) 선생은 매화를 매형(梅兄)이라 부르며 살아 있는 형제 대하듯 하였다. 그래서 사람들은 그가 매화와 의형제를 맺었다고 했다. 북송(北宋)때 시인 임포(林逋)는 매화를 아내로 삼아 평생 매화를 가꾸며 매화하고만 살았다는데 이와 흡사하다. 퇴계선생은 후진 양성과 학문 연구에 매진하고자 안동에 도산서원(陶山書院)을 지었으며 뜰에는 매화를 심고 가꾸며 지친 몸과 마음을 달랬다. 선비의 명망(名望)이란 세간(世間)의 눈이나 귀를 의식하지 않고 학문에 정진하며 인격을 도야(陶冶)하면 굳이 나타내지 않아도 저절로 알려지게 된다. 억지로 바람을 청하지 않아도 때가 되면 스스로 향기를 내는 매화처럼 선비도 그 향기가 절로 풍기게 된다고 퇴계선생은 스스로 다짐하고 후학(後學)들에게 가르치고 있다.

봄날을 맞아 仁智齋春帖字(인지재춘첩자)

의종(毅宗, 고려)

온 세상에 고루 비치는 봄빛이 좋고
온갖 초목이 무성하니 경치가 새롭구나
어질고 지혜롭게 네 가지 덕을 갈고 닦아서
이제부터 영원토록 봄날을 만들리라

蕩蕩春光好(탕탕춘광호)
欣欣物意新(흔흔물의신)
將修仁智德(장수인지덕)
今得萬年春(금득만년춘)

* 仁智齋(인지재) : 궁궐 안의 연회장 건물 이름.
* 蕩(탕) : 1)넓고 큼 2)평탄함 3)물살이 거셈 4)방탕. 여기서는 1)과 2)의 뜻.
* 蕩蕩平平(탕탕평평) : 어느 쪽에도 치우치지 않음(=蕩平).
* 欣(흔) : 기뻐하다. 초목이 무성하다. 여기서는 두 가지 뜻 모두.

《고려사》에 기록되기를 18대왕 의종(毅宗)은 글을 좋아하는 임금으로 신하들과 더불어 밤늦도록 시를 주고받기를 즐겼다 한다. 1170년 정중부와 이의방이 일으킨 쿠데타로 권좌에서 축출되고 재기를 도모하던 중 1173년 이의민에게 살해된 비운의 왕이다. 이 시는 정중부의 난이 일어나기 전 어느 해 입춘 날 대궐의 기둥에 붙일 시련(詩聯)으로 지은 시다. 온 천지에 가득한 따뜻한 봄볕으로 온갖 초목이 무성해지듯 왕인 자신이 덕을 수련하고 선정을 베풀어서 온 백성이 잘 살도록 하겠다고 스스로 다짐하는 내용이다. 그러나 의종이 살았던 무렵의 현실은 국제적으로는 금나라와 남송(南宋) 사이에서 시달렸고, 국내 상황은 지방 호족과 무신들의 연이은 역모(逆謀)와 묘청의 난 등으로 잠잠할 날이 없었다.

강가 바위에서 題江石(제강석)

홍유손(洪裕孫, 조선)

맑은 강에 발 씻고 흰 모래밭에 누웠구나
마음은 고요하게 가라앉아 텅 비었겠지
물소리 바람소리 귓가에서 끊이지 않아
번잡한 속세의 사람소리 들리지 않겠지

濯足淸江臥白沙(탁족청강와백사)
心神潛寂入無何(심신잠적입무하)
天敎風浪長喧耳(천교풍랑장훤이)
不聞人間萬事多(불문인간만사다)

* 心神(심신) : 마음과 정신.
* 天敎風浪(천교풍랑) : 하늘이 일으키는 바람과 물결. 교는 ~하게 하다.
* 喧(훤) : 지껄이다. 떠들다. 싸우다.
* 白壽(백수) : 99세(百에서 一이 빠져 白이 됨).

강가에 그리 크지 않은 바위가 하나 있다. 밑 부분은 물속에 잠겨 있고 나머지는 강변의 백사장에 비스듬히 누운 형상이다. 시인은 이 바위가 부럽다. 자신이 이 바위가 되고 싶어 한다. 그래서 강물에 발을 닦고 모래밭에 누웠다. 눈을 감고 아무 생각 없이 마음을 조용히 가라앉힌다. 참선(參禪)의 삼매경(三昧境)이자 선정(禪定)에 빠져 든 무아경(無我境)이다. 귓가에는 하늘을 맴도는 바람소리와 찰랑거리는 물결소리 밖에 안 들린다. 속세의 번잡한 인간만사가 모두 잊혀 진다. 도(道)를 닦으면 사람도 바위가 된다. 홍유손은 김시습과 더불어 노장사상(老莊思想)에 심취(心醉)하였고 여든을 바라보는 나이에 득남(得男)하여 당시에 화제가 되기도 하였다. 백수(白壽)를 누리고 살다가 신선(神仙)이 되었다는 속설이 전해온다.

환갑잔치에서 還甲宴(환갑연)

김립(金笠, 조선)

저기 앉은 노인, 사람 같지 않구나
아마 하늘에서 내려온 신선인가 보다
여기 있는 일곱 아들, 모두가 도둑이구나
왕도를 훔쳐 환갑잔치에 바쳤네

    彼坐老人不似人(피좌노인불사인)
    疑是天上降眞仙(의시천상강진선)
    其中七子皆爲盜(기중칠자개위도)
    偸得王桃獻壽筵(투득왕도헌수연)

* 彼(피) : 저(That), 그(They). 피차(彼此)=저것과 이것. 피아(彼我)=남과 나.
* 不似(불사) : 같지 않다. 춘래불사춘(春來不似春)=봄이 왔건만 봄 같지 않구나.
* 偸(투) : 훔치다. 투식(偸食)=공금을 도둑질함
* 王桃(왕도) : 서왕모의 선도(仙桃)복숭아를 말함. 천년에 한 번 열리며, 이것을 먹으면 불로장생한다.
* 壽筵(수연) : 환갑잔치. 壽宴(수연)

김삿갓이 잔치집을 그냥 지나칠소냐. 밥과 술을 거하게 얻어먹고 기분이 좋았나 보다. 환갑을 축하하는 시를 짓는다. 그러나 장난기가 빠지면 김삿갓이 아니지. 첫 구절을 읊었더니 손님 들이 웅성거리고 자식들이 화를 냈다. 사람이 아니라고 욕을 한 것이다. 이어서 두 번째 구절을 내세우니 손님들이 경탄했다. 다시 아들들을 모두 도둑이라 하니 사람들 안색이 굳어졌다. 김삿갓이 태연히 뒤를 이어 마지막 구절을 읊으니 손님들과 주인 가족들 모두 그의 재치와 재주를 칭찬하고 대접을 극진히 했다 한다.

모내기를 하며 揷秧(삽앙)

범성대(范成大, 송나라)

모내기 하고 나니 초록 담요 깔렸구나
못줄 사이 맑은 물에 비단 무늬 퍼진다
누가 알까 가늘고 파란 저 풀 이파리
그 속에 풍년 격양가가 들어있다네

種密移疏綠毯平(종밀이소록담평)
行間淸淺縠紋生(행간청천곡문생)
誰知細細靑靑草(수지세세청청초)
中有豊年擊壤聲(중유풍년격양성)

* 種密移疏(종밀이소) : 촘촘히 뿌린 모판에서 논으로 성기게 옮겨 심음. 즉 모내기.
* 毯(담) : 담요.
* 縠紋(곡문) : 비단 망사 무늬. 반짝이며 퍼져 가는 물결 무늬.
* 擊壤(격양) : 중국의 민속놀이 일종. 태평성대를 노래함.

우리나라에서는 5월 하순부터 모내기가 시작된다. 볍씨를 직접 논에 뿌리는 직파법으로 인해 발생했던 여러 문제를 해결한 모내기는 생산량 증대에 크게 기여하였다. 기록에는 고려말 공민왕 때 모내기 기록이 나오고 있는데, 봄에 이루어지는 모내기 작업은 농촌의 공동체 작업이며 협동심의 발로였다. 이는 농민 중심의 활동인 두레로 이어져서 농민의 협력정신을 바탕으로 우리 민족의 공동체 문화를 형성하였다. 또한 모내기를 하는 중간중간에 일꾼들끼리 어울려서 먹는 새참은 농민들의 기운을 북돋아주는 역할과 함께 협동심을 키워주는 역할을 하였다. 현재는 농촌인구의 감소에 따라 일부 지역을 제외하고는 기계 모내기가 일반화되어가고 있어 아쉬움을 더해준다.

타작마당에서 田園雜興(전원잡흥)

범성대(范成大, 송나라)

타작마당 새로 만드니 거울처럼 평평하다
서리 내려 맑은 날 집집마다 타작일세
웃음소리 노래소리 시끌벅적 즐거워
밤새워 도리깨질 소리 날 밝도록 이어지네

新築場泥鏡面平(신축장니경면평)
家家打稻趁霜晴(가가타도진상청)
笑歌聲裏輕雷動(소가성리경뢰동)
一夜連枷響到明(일야연가향도명)

* 場泥(장니) : 돌이 섞이지 않도록 진흙을 다져 만든 타작마당.
* 趁霜晴(진상청) : 쫓아낼 진(趁). 서리 내린 날은 날씨가 맑다는 뜻.
* 枷(가) : 도리깨.

들판에는 지금 가을걷이가 한창이다. 농부들은 일 년 동안 흘린 땀의 결실을 쳐다보면서 잠시나마 걱정 근심을 잊고 보람과 만족을 느낀다. 약 900년 전 중국에서도 추수의 기쁨은 지금이나 마찬가지였다. 진흙을 다져 평평하게 고른 넓은 타작마당에서 집집마다 온 가족이 나와 웃고 떠들며 밤새도록 도리깨질을 하는 모습이 눈에 선하다. 범성대(范成大)는 남송(南宋) 시대 유명한 시인이며, 특히 서민의 애환을 대변하는 시를 많이 썼다.

산 속의 하루 夏日山中(하일산중)

이백(李白, 당나라)

백우선 부치기도 나른하여
알몸으로 푸른 숲에 들었네
망건은 바위 벽에 걸어두고
맨머리에 솔바람 쏘이네

　懶搖白羽扇(난요백우선)
　裸袒靑林中(나단청림중)
　脫巾掛石壁(탈건괘석벽)
　露頂灑松風(노정쇄송풍)

* 懶(란) : 게으르다.
* 白羽扇(백우선) : 하얀 깃털로 만든 고급스러운 부채.
* 袒(단) : 옷 벗어 맬 단.
* 灑(쇄) : 물 뿌리다. 깨끗하다.
* 灑落(쇄락) : 기분이 상쾌하고 시원함.

　연일 무더위가 기승을 부린다. 가만히 있어도 땀이 줄줄 흐르고, 기진맥진(氣盡脈盡) 나른하다. 부채질도 힘들다. 무슨 시원한 일 없을까? 한여름 폭염을 이기는 방법을 이백(李白)이 일러준다. 온갖 체면이나 가식도 옷을 벗듯 훌훌 털어 버려라. 망건은 명예나 관직을 의미한다. 벗어 돌벽에 붙들어 매라는 뜻은 버리라는 말. 머리 속에 욕망 대신 맑은 솔바람이 들어오면 시원하지 않겠나. 욕심을 버리면 행복해진다.

더위를 잊으며 銷夏詩(소하시)

원매(袁枚, 청나라)

반 년 남짓 거추장스런 의관을 벗어 버리고
물 안개 깊은 곳에서 꽃을 안고 잠잔다
벼슬 없는 즐거움을 평생 꿈꿔 왔거늘
무더운 유월 더위에 내가 제일 낫구나

不著衣冠近半年(불착의관근반년)
水雲深處抱花眠(수운심처포화면)
平生自想無冠樂(평생자상무관락)
第一驕人六月天(제일교인유월천)

* 銷夏(소하) : 녹일 소(銷), 여름 하(夏). 여름의 더위를 잊게 한다는 뜻.
* 著(착) : 글을 지을 저(著). 여기서는 입을 착(著), 붙을 착(著). 착(着)의 본래 글자.
* 驕(교) : 씩씩할 교(驕), 교만할 교(驕).

요즘 직장인들 사이에 회자되는 유행어 중 사오정과 오륙도가 있다. 45세가 정년이고, 56세까지 다니면 도둑이라는 뜻이다. 이 시의 저자 역시 40세에 관직에서 은퇴했다. 일하지 않고도 먹고 살 수 있는 여유를 가진 사람이 어디 그리 많겠는가. 그러나 이왕 쉴 바에는 마음을 편히 가지고 푹 쉰 다음 심기일전하여 다시 시작하는 것도 나쁘지 않을 것 같다. 직장에서 나와 쉬고 있는 중년들이여, 힘냅시다. 희망을 간직하고 있으면 어디든 길은 있다오.

밤바다를 건느며 夜度海(야도해)

소식(蘇軾, 송나라)

온종일 궂은 비바람 치더니 막 개었다
그 누가 밝은 달빛에 구름을 뿌려 놓았나
하늘과 바다의 본색은 맑디 맑은 것
지금 건너는 이 절경은 내 평생 으뜸일러라

苦雨終風也解淸(고우종풍야해청)
雲散月明誰點綴(운산월명수점철)
天容海色本澄淸(천용해색본징청)
玆游奇絶冠平生(자유기절관평생)

* 終風(종풍) : 아침부터 온종일 부는 바람.
* 也(야) : 어조사. 여기서는 또한(=亦).
* 誰(수) : 누구. 點綴(점철) : 흩어진 점을 서로 이음.
* 玆(자) : 검다. 이에. 여기. 지금(now and here).

당(唐)나라의 이백(李白)에 견줄 만한 송(宋)나라의 시인 소식(蘇軾)이 64세 되던 해 유배지 해남도(海南島)에서 대륙으로 건너가며 지은 시다. 밤이 되자 하루 종일 치던 궂은 비바람이 그치고 날씨가 개었다 함은 자신의 인생역정을 나타낸 것이다. 소식 역시 일생동안 스산한 삶을 살다 만년이 되어서야 귀양에서 풀려났다. 둘째 구절은 진(晉)나라 사중(謝重)의 글 '月明不如微雲點綴(월명불여휘운점철) = 밝은 달빛이 떠가는 구름만 못하다'에서 따온 말이다. 휘영청 밝은 달이 빈 하늘에 홀로 있는 것보다 옅은 구름이 떠다닐 때 달밤의 운치가 더 나는 법이다. 하늘과 바다 즉 자연의 본질은 맑은 것인데 인간들은 왜 궂은 날씨만 보며 짜증을 내는가?

유애사에서 遺愛寺(유애사)

백거이(白居易, 당나라)

시냇가에 앉아 돌 주우며 놀다가
꽃을 찾아 절간을 한 바퀴 돌아보니
가끔씩 새들의 노래소리 들리지만
곳곳마다 온통 물소리 뿐이구나

弄石臨溪坐(농석임계좌)
尋花繞寺行(심화요사행)
時時聞鳥語(시시문조어)
處處是泉聲(처처시천성)

* 遺愛寺(유애사) : 강서성 노산 북쪽에 있던 절. 백거이가 은퇴 후 근처에 초당을 짓고 살았다.
* 弄(농) : 구경하다. 희롱하다.
* 尋(심) : 찾다.
* 繞(요) : 동여매다. 돌려 두르다.

낙천(樂天) 백거이(白居易)는 젊은 시절 왕도정치를 주창하며 장한가(長恨歌) 등 비판적인 시를 지었으나 중년 이후에는 현실을 멀리하고 종교와 이상주의에 몰입하였다. 스스로 자신의 시를 풍유(諷諭)와 한적(閑適)과 감상(感傷) 및 잡률(雜律)로 구분하였는데 대부분 한적과 감상으로 흘렀다. 이 시 역시 한적시(閑適詩)로 분류되는데 감상의 포인트는 글자 하나하나가 기하학적 대칭을 이루며 조형미와 운률에 맞게 배치된 점이다. 이렇게도 번역할 수 있다. 돌과 농하며 냇가에 앉았다가(弄石溪坐) 꽃을 찾아 절에 갔다(尋花寺行) (弄=尋, 石=花, 溪=寺, 坐=行) / 때때로 새소리(時時鳥語) 곳곳에 물소리(處處泉聲) (時=處, 鳥=泉, 語=聲)

지난 해를 뒤돌아보며 億錢塘江(억전당강)

이구(李覯, 송나라)

지난해 취한 채로 고향 가는 배를 탔는데
어슴푸레 앞산이 해를 반쯤 삼켰더라
어와 좋을시고 강물이 낙조에 물들어
강의 요정들 모두 붉은 치마 둘렀더라

　　昔年乘醉擧歸帆(석년승취거귀범)
　　隱隱前山日半銜(은은전산일반함)
　　好是滿江涵返照(호시만강함반조)
　　水仙齊著淡紅衫(수선제착담홍삼)

* 擧歸帆(거귀범) : 직역하면 '돌아가는 돛을 올리다' 이지만, 여기서는 '돛을 올리고 돌아가다'
* 銜(함) : 재갈. 머금다.
* 涵(함) : 젖다. 담그다. 가라앉다.
* 齊著(제착) : 모두 다 입다. 착(著)은 나타낼 저, 지을 저, 입을 착, 붙을 착.

　　객지생활을 하다 고향으로 돌아가는 배를 탄 작년을 회상하고 있다. 귀향의 설레임에 배를 기다리다가 선창가 주막에서 기분 좋은 술로 얼큰해 있다. 배가 돛을 올리고 떠나려는 때는 석양 무렵이다. 옅은 물안개로 흐릿한 앞산에는 해가 반쯤 걸려 있다. 강물에 비치는 낙조는 물에 젖어 반짝인다. 하늘은 이미 반 쯤 어둠이 깔리고 있지만 강물은 강줄기를 따라 붉게 반짝인다. 마치 담홍색 치마를 하늘거리며 춤을 추는 선녀처럼 보인다. 붉게 타는 저녁놀이 나그네 눈에는 너무 아름답게 보인다.

무 욕

대장부의 마음 無題(무제)

진묵대사(震默大師, 조선)

땅 요 깔고 하늘을 덮고 산을 베고 누워
구름 병풍에 달 촛불 켜고 바다 술 마시다가
크게 취해 하릴없이 일어나 춤을 추는데
옷소매가 걸리는 곤륜산이 괘씸쿠나

  天衾地席山爲枕(천금지석산위침)
  月燭雲屛海作樽(월촉운병해작준)
  大醉居然仍起舞(대취거연잉기무)
  却嫌長袖掛崑崙(각혐장수괘곤륜)

* 樽(준) : 술단지.
* 居然(거연) : 그 모양 그대로. 편안한 모양.
* 仍(잉) : 전과 그대로. 자주.
* 崑崙(곤륜) : 중국 신하에 나오는 상상 속의 산. 천제(天帝)가 사는 곳으로 해와 달보다 높다.

전에는 제법 흔하게 볼 수 있었는데 언제부턴지 희귀해진 것들이 있다. 골동품가게에만 있는 것들이다. 그러나 그 곳에서도 볼 수 없는 아련한 추억이 담긴 그리운 것이 있으니 바로 호연지기(浩然之氣)다. 객기를 부리는 사람은 요즘도 간혹 있지만 호연지기를 갖춘 매력 있는 사람은 참 드물다. 하늘과 땅 사이에 가득 찬 바르고 강한 기운을 호연지기라 하지만 사람에게 쓰일 때는 사물에서 해방된 넓고 자유스러운 마음을 의미한다. 진묵대사(震默大師)가 바로 그런 호탕(豪宕)한 분이었다. 이 스님이 하루는 냇가에서 물고기 매운탕을 얻어먹고 중이 고기를 먹는다고 놀리는 사람들 앞에서 시냇물에다 똥을 누니 그 똥이 물고기가 되어 유유히 헤엄쳐 흩어지더라는 전설이 전해진다.

초가집에서 草屋(초옥)

서산대사(西山大師, 조선)

초가집은 삼면이 트여 벽도 없다
늙은 중은 대나무 평상에서 잠들고
푸른 산은 한 쪽 반이 젖어 있는데
성긴 빗줄기가 석양을 비낀다

　　草屋無三壁(초옥무삼벽)
　　老僧眠竹床(노승면죽상)
　　靑山一半濕(청산일반습)
　　疎雨過殘陽(소우과잔양)

　＊ 疎雨(소우) : 성기게 오는 비.
　＊ 殘陽(잔양) : 저물녘. 夕陽(석양). 斜陽(사양). 老人(노인).

　임진왜란 당시 승병장(僧兵將)으로 유명한 대사(大師)는 완산(完山) 최(崔)씨로 법명은 휴정(休靜)이고 호는 청허(淸虛), 묘향산인(妙香山人), 병로(病老) 등을 사용했다. 불교 뿐 만 아니라 유교와 도교에도 깊은 깨달음의 경지에 오른 고승(高僧)이다. 서산대사가 지은 선시(禪詩)들은 대부분 깊고 오묘한 진리가 담겨 있거나 무겁고 진지한 교훈적인 내용이 많은데, 이 시는 스님의 말년에 편안하고 가벼운 마음으로 쓴 담백한 작품이다. 그러나 어찌 가르침이 없을 손가? 첫 구절부터 초당(草堂)이 아니고 초옥(草屋)이다. 당(堂)은 땅을 돋우고 높이 지은 집이고, 옥(屋)은 그저 평범한 집이다. 무소유, 무욕을 우리에게 가르치고 있다. 또한 노승(老僧)은 낮잠을 주무신다. 깨달음을 향한 용맹정진도 한갓 석양의 성긴 빗줄기 같이 부질없는 것. 해탈(解脫)한 노승(老僧)의 풍모(風貌)를 엿볼 수 있다.

화개동에서 花開洞(화개동)

서산대사(西山大師, 조선)

이름은 화개동인데 오히려 꽃은 지고
청학동 둥지에 학은 오지 않네
잘 가거라 홍류교 밑 흐르는 물이여
너는 바다로 가고 나는 산으로 간다네

花開洞裏花猶落(화개동리화유락)
靑鶴巢邊鶴不還(청학소변학불환)
珍重紅流橋下水(진중홍류교하수)
汝歸滄海我歸山(여귀창해아귀산)

* 裏(리) : 안. 속.
* 猶(유) : 원숭이. 비슷하다. 여기서는 오히려.
* 珍重(진중) : 진귀하여 소중히 함. 여기서는 주로 이별할 때 몸을 소중히 하라는 의미로 쓰는 말.
* 汝(여) : 너(YOU).

'道可道非常道(도가도비상도) 名可名非常名(명가명비상명)' 노자의 도덕경 맨 처음 구절이다. 도를 도라 해도 되겠지만 그 이름을 꼭 도라고 할 필요가 없다. 어떤 것에 이름을 지어 줄 수 있지만 항상 그 이름일 수도 없다. 대략 이런 뜻이다. 서산대사는 전반부에서 도덕경의 이 구절을 알아듣기 쉽게 설명하고 있다. 진리 또는 본질은 그 이름에 있는 것이 아니다. 물은 항상 낮은 곳으로 흘러 흘러 바다로 가듯 자연스럽게 도를 깨우쳐야 알아지는 것이다. 그래서 이 스님은 산으로 도를 닦으러 간다지만 산에도 도는 없다. 그러나 최소한 속세를 떠나면 도를 깨우칠 가능성은 많아질 것이다. 그런데, 도를 깨우치면 뭐하고 안 깨우치면 어떠랴. 깨우치든 말든 도는 그저 도일뿐이다.

내 맘의 뜻 述志(술지)

길재(吉再, 고려 말~조선 초)

시냇가 오두막에 홀로 사니 한가하다
달은 밝고 바람 맑아 흥이 넘치는데
바깥 손님 오지 않고 산새들만 지저귀니
대숲 아래 자리 옮겨 누워서 글을 읽네

臨溪茅屋獨閑居(임계모옥독한거)
月白風淸興有餘(월백풍청흥유여)
外客不來山鳥語(외객불래산조어)
移床竹塢臥看書(이상죽오와간서)

* 茅屋(모옥) : 1)이엉이나 띠로 엮은 집 2)자기집을 낮추는 말.
* 塢(오) : 산언덕.
* 看書(간서) : 책을 보다(讀書). 간(看)은 (자세히) 보다. 독(讀)은 (소리내어) 읽다.

욕심을 버리면 마음이 편해진다. 그러나 욕심을 부리면서도 잘못된 자기 합리화를 통해서 양심의 가책을 느끼지 못하는 부류들도 많다. 고려가 망하고 조선이 새로이 건국될 때 새로운 국가를 건설하여 더 부강한 나라를 만들자는 사람과 불사이군(不事二君)을 부르짖으며 지조(志操)를 지키려는 사람들이 있었다. 야은 길재(冶隱 吉再)는 목은 이색(牧隱 李穡)과 포은 정몽주(圃隱 鄭夢周)와 함께 지조를 선택한 삼은(三隱) 중 한 사람이다. 개국파나 지조파 모두 자신의 뜻을 세워서 백성을 위하거나 명분을 지켰다. 다만 자신 만의 권세와 부를 위해 출세를 목적으로 강한 세력에 편승하는 사람이 문제일 뿐이다. 하여간 인생의 덧없음을 알고 사는 사람에게는 여유가 넘친다.

자연에 묻혀 伽倻山 讀書堂(가야산 독서당)

최치원(崔致遠, 신라)

첩첩 바위를 미친 듯 돌아, 겹겹 산 중에 울려
지척간 말소리도 가리기 어려워라
시비소리 들릴세라 늘 두려워서
일부러 물 흘려 온 산을 감싼거야

　狂奔疊石吼重巒(광분첩석후중만)
　人語難分咫尺間(인어난분지척간)
　常恐是非聲到耳(상공시비성도이)
　故敎流水盡籠山(고교유수진롱산)

* 伽倻山(가야산) : 경남 합천에 있는 해인사(海印寺)의 주산(主山).
* 吼(후) : 우는 소리. 사자후(獅子吼)=사자의 우렁찬 소리, 명연설 또는 명설법.
* 巒(만) : 산봉우리.
* 咫尺(지척) : 아주 가까운 거리. 지(咫)=여덟치.
* 敎(교) : 가르칠 교. 하여금 교. (여기서는) ~로 하여금 ~하게 하다.
* 故敎流水盡籠山(고교유수진롱산) : 일부러[故] 흐르는 물[流水]로 하여금 산을 남김없이 [盡] 둘러싸[籠]게 하다[敎].

　자연의 소리는 아무리 커도 싫지 않으나, 세상 사람들의 시비를 따지는 말(是非聲)소리는 속세를 떠난 작가에게는 무척 시끄럽게 들리나 보다. 자가 고운(孤雲)인 최치원(崔致遠)은 백제 옥구(沃溝)에서 태어난 인물로, 유년시절부터 천재였다. 12세에 중국에 건너가 18세에 과거에 급제하고 벼슬이 중시어사에 이르렀다. 당나라에서 귀국한 뒤 신라에서 병부시랑, 무성태수 등을 했다.

자연에 돌아오니 棄官歸鄉(기관귀향)

신숙(申淑, 조선)

밭 갈며 하루 해
약초 캐며 한 청춘
물 있고 산 있는 곳
영화도 욕도 없는 몸

耕田消白日(경전소백일)
採藥過靑春(채약과청춘)
有水有山處(유수유산처)
無榮無辱身(무영무욕신)

* 白日(백일) : 구름 한 점 없는 대낮.

　벼슬살이를 버리고 산골에 들어와 산다는 게 어디 그리 쉬운 일인가. 농사 지으며 하루를 보내고, 틈틈이 약초도 캐다 보니 한 청춘이 다 갔다고 한탄한다. 그러나 후반부에서는 초야에 묻혀 사는 삶에 적응하고 속세의 영욕을 초탈한 경지를 보여 준다. 이 시를 감상하는 또 하나의 포인트는 글자의 대칭이다. 흰 백(白)과 푸를 청(靑), 있을 유(有)와 없을 무(無), 물 수(水)와 뫼 산(山), 영화 영(榮)과 욕될 욕(辱) 등이다. 산수(山水)가 무위자연(無爲自然)이라면 영욕(榮辱)은 유위속세(有爲俗世)다. 이것 역시 대칭을 이룬다. 무위자연이 노자와 장자의 도교사상이면, 영욕은 공자 맹자의 유교사상이라 할 수 있다. 벼슬 관(官)이 유교라면, 이를 버리고 고향(산수=자연)으로 돌아감은 도교라 할 수 있다. 산은 산이요, 물은 물이다.

깨우치는 말 警世(경세)

나옹(懶翁, 고려)

평생토록 일에 빠져 티끌 세상 헤매느라
백발이 되도록 늙는 줄도 모른다네
명리는 지옥불로 들어가는 재앙의 문
옛부터 얼마나 많은 사람들이 타 죽었나

終世役役走紅塵(종세역역주홍진)
頭白焉知老此身(두백언지노차신)
名利禍門爲猛火(명리화문위맹화)
古今燒盡幾千人(고금소진기천인)

* 警世(경세) : 세상 사람들을 깨우침. 經世(경세)=세상을 다스림.
* 紅塵(홍진) : 번거롭고 속된 세상. 붉은 먼지.
* 焉(언) : 어찌. 1)의문의 말 2)反語의 말.
* 幾(기) : 몇.

인간은 일을 하며 살아간다. 일을 통해서 먹고 살 뿐만 아니라, 보람과 성취감을 느끼기도 한다. 그러나 요즘에는 그저 호구지책(糊口之策)으로 힘든 노동을 견디거나, 출세를 위해서 오로지 일에만 몰두하는 일벌레도 있다. 일의 목적이 무엇이든 대다수 사람들은 그렇게 일하다 속절없이 늙어간다. 특히 욕심을 부려 명예나 이익을 탐하는 사람은 예로부터 그 욕심으로 인하여 화를 입고 망하는 경우가 많다. 나옹(懶翁)은 고려 말 승려이다. 아래 시를 지은 이이기도 하다. 청산은 나를 보고 말없이 살라하네/ 하늘은 나를 보고 티 없이 살라하네/ 사랑도 벗어놓고 미움도 벗어놓고/ 물같이 바람같이 살라하네/ 세월은 나를 보고 덧없다 하지 않고/ 우주는 나를 보고 곳 없다 하지 않네/ 번뇌도 벗어놓고 욕심도 벗어놓고/ 강같이 구름같이 말없이 가라하네.

시심을 부르는 비 催詩雨(최시우)

이율곡(李栗谷, 조선)

구름이 푸른 산을 반만큼 삼켰다 뱉더니
돌연 빗방울 흩날려 서남쪽을 씻어 주네
언제 가장 시 짓고픈 마음을 재촉하던가
연잎 위로 물방울 두세 개 구를 때라네

雲鎖靑山半吐含(운쇄청산반토함)
驀然飛雨灑西南(맥연비우쇄서남)
何時最見催詩意(하시최견최시우)
荷上明珠走兩三(하상명주주양삼)

* 催(최) : 재촉하다.
* 鎖(쇄) : 자물쇠. 가두다.
* 吐含(토함) : 뱉고(吐) 머금다(含).
* 驀(맥) : 말을 타다. 뛰어오르다.
* 灑(쇄) : 뿌리다. 쇄루우(灑淚雨);음력 7월 6일 내리는 비. 견우와 직녀의 만남을 방해하여 눈물 흘리게 하는 비.
* 荷(하) : 연꽃(荷花). 짐을 지다. 하중(荷重)은 짐의 무게.

율곡 이이선생은 어려서부터 영민하여 과거시험에 아홉 번이나 장원 급제한 수재다. 재승박덕(才勝薄德)이란 말이 있듯이 재주가 많은 사람은 보통 후덕함이 부족한 경우가 많다. 젊은 시절 율곡 또한 그런 경향이 보였으나, 주변 어른들의 교육과 본인의 수양(修養) 정진(精進)으로 학식과 인덕을 겸비한 큰 인물이 되었다. 이 시에는 단아한 선비의 시심(詩心)이 담겨있다. 푸른 산에 구름이 일어 한바탕 소나기를 뿌리는 먼 경치를 보다가 비가 그친 뒤 연잎에 구르는 맑은 물방울로 시선이 옮아가며 진주 같은 시 한 편이 나왔다.

서로 시를 지으며 和夫子吟時(화부자음시)

삼의당 김씨(三宜堂 金氏, 조선)

하늘 가득한 달빛 아래 꽃 흐드러진 뜨락
꽃 그림자 겹겹인데 달 그림자 포개었다
달 같고 꽃 같은 그대와 나 마주 앉았으니
세상의 영욕은 누구 집에 깃들건가

　滿天明月滿園花(만천명월만원화)
　花影相添月影加(화영상첨월영가)
　如月如花人對坐(여월여화인대좌)
　世間榮辱屬誰家(세간영욕속수가)

* 如(여) : 같을 여.
* 誰(수) : 누구 수. 세간영욕속수가(世間榮辱屬誰家):속된 영예와 치욕이 누구 집에 머물까? 즉 세사영욕(世事榮辱)을 우리 부부는 초월했다는 뜻임.

휘영청 밝은 달밤에 부부가 마주 앉아, 흐드러진 꽃밭을 쳐다보며 함께 시를 주고받는다. 달빛에 꽃 그림자들이 서로 얽히듯 이 부부도 어느새 꽃이 되어 그림자가 서로 포개진다. 몸과 몸이 서로 얽혀 포개진다는 게 아니고, 마음과 마음이 합해진다는 말이다. 남편이 먼저 시 한 수를 읊으니 아내가 화답하는 정경이 무척 다정스럽다. 세상사에 시끄러운 마음이 이 집에는 깃들 수가 없으리라. 다음 주말에는 모처럼 아내와 함께 동네 호프집에라도 들려야겠다. 가화만사성(家和萬事成)이라. 집안이 편해야 모든 일이 잘 풀리는 법이다.

김거사 집을 방문함 訪金居士野居(방김거사야거)

정도전(鄭道傳, 고려 말~조선 초)

가을 구름 아득 아득 온 산은 적막
소리 없이 지는 낙엽 땅은 온통 붉은빛
다리 위에 말 세우고 돌아갈 길 살피려니
내 몸은 이미 그림 속에 들어 있었네 그려

秋雲漠漠四山空(추운막막사산공)
落葉無聲滿地紅(낙엽무성만지홍)
立馬溪橋問歸路(입마계교문귀로)
不知身在畵圖中(부지신재화도중)

* 四山空(사산공) : 숫자 4는 '모든'의 뜻. 사방(四方)=모든 곳. 사민(四民)=온 백성. 사해(四海)=온 세상
* 空(공) : 하늘. 빔. 헛됨. 구멍. 여기서는 적적하고 고요함. 즉 쓸쓸할 공으로 해석함.

시냇물 위로 놓인 다릿목에 말을 멈추고 돌아갈 길을 헤아리며 주변을 돌아본다. 산 속엔 아무도 없고 고요하다. 시리도록 파란 하늘에 새털구름 몇 점이 아득히 높고 불타는 듯 온 산이 단풍인데 낙엽이 쌓인 땅도 온통 붉은 빛이다. 빨간 산 위로 파란 하늘, 하늘엔 하얀 구름 몇 조각, 그림이다. 가만히 보니 그 그림 속에 나와 내 말도 그려져 있다.

은퇴 후에는 시골로 내려가 자연을 벗 삼아 살겠다는 도시인들이 많다. 전원생활에 대한 단순한 동경만으로는 견디기 어려울 것이다. 그림 속에 들어가 그림의 일부가 되듯이 자신이 자연과 동화되어야 명실상부한 전원생활이라 할 수 있으리라.

눈내린 산속의 밤 山中雪夜(산중설야)

이제현(李齊賢, 고려)

얇은 이불 춥고, 불등도 꺼졌는데
사미승은 밤새도록 종 한 번 안치네
손님이 일찍 문 열면 투덜거리겠지만
절 마당의 눈 덮인 소나무를 봐야겠네

紙被生寒佛燈暗(지피생한불등한)
沙彌一夜不鳴鍾(사미일야불명종)
應嗔宿客開門早(응진숙객개문조)
要看庵前雪壓松(요간암전설압송)

* 沙彌(사미) : 불문에 갓 들어간 어린 중. 사미승.
* 嗔(진) : 성내다.

깊은 산중에 있는 조그만 암자에서 하룻밤을 신세지고 있다. 겨울철 산속은 해가 일찍 진다. 초저녁에 잠이 들었다가 추워서 잠이 깨었으나 아직 한밤중이다. 불당을 밝히던 등잔불도 꺼지고 방바닥의 온기도 이미 식어 버렸는데 절에서 심부름하는 사미승은 잠에서 깰 줄을 모른다. 불당에 불을 밝히고 손님방에 군불도 지펴 주면 좋으련만 예불도 생략한 채 단잠에 빠져 있다. 손님이 새벽부터 인기척을 내면 게으른 사미승이 짜증을 내겠지만 찬 방에 누워 있느니 차라리 마당에 나가 눈 쌓인 경치나 구경하련다. 한적한 절집 분위기가 쓸쓸하지만 왠지 포근한 느낌으로 다가온다.

제비의 지저귐을 보며 詠新燕(영신연)

이식(李植, 조선)

모든 일 느긋하게 씩 한 번 웃고 흘리지
봄비 내려 초가집 방 문 닫아걸었는데
문 밖에 날아온 제비 한 놈이 귀찮아
마음 비운 사람에게 시시비비 지저귀네

萬事悠悠一笑揮(만사유유일소휘)
草堂春雨掩松扉(초당춘우엄송비)
生憎簾外新歸燕(생증렴외신귀연)
似向閒人說是非(사향한인설시비)

* 揮(휘) : 뽐내다. 휘두르다. 지휘하다. 여기서는 흐트리다는 뜻.
* 掩松扉(엄송비) : 소나무[松]로 얼기설기 만든 사립문[扉]을 잠그다[掩].
* 生憎(생증) : 미움[憎]이 생기다[生].

욕심을 버리거나, 아쉽긴 하나 포기하면 마음이 느긋해진다. 그저 씩 한 번 웃고 넘기면 그만 아닌가. 봄비가 추적추적 내리니 찾아올 사람도 없고 세상 일 잊어 볼까 해서 문까지 걸어 잠갔는데 강남에서 막 날아온 제비 한 마리가 비를 피해 처마 밑에 날아와 시끄럽게 지저귄다. 지지배배 소리가 마치 시시비비(是是非非)라고 들린다. 아마 이 사람은 마음을 다 비우진 못했나 보다. 비오는 날 누가 오겠는가? 문 닫을 필요 없을 텐데. 아직 미련이 남은 자신이 싫어서 이겠지. 그리고 애꿎은 제비는 왜 미워해? 반가운 마음으로 제비를 맞으면 될 것을 굳이 시시비비라 듣는가? 이토록 세속을 벗어나기는 어렵다. 그러나 행동해야 할 때 분연히 나서는 일은 더 어려운 것 같다.

꿈속에서 노닐며 夢中遊(몽중유)

학명선사(鶴鳴禪師, 조선 말~일제 강점기)

시작과 끝 나누는 분별심을 버리소서
겨울 지나 봄이 오니 해 바뀐 듯 하오만
저 하늘이 시작과 끝 두 개로 보이신가
부질없는 중생들이 꿈속에서 놀고 있네

  妄道始終分兩頭(망도시종분양두)
  冬經春到似年流(동경춘도사년류)
  試看長天何二相(시간장천하이상)
  浮生自作夢中遊(부생자작몽중유)

* 鶴鳴禪師(학명선사) : 정읍 내장사 주지. 달마대사 그림으로 유명하다.
* 經(경) : 글. 법. 경전. 여기서는 지나가다[過].
* 浮生(부생) : 덧없는 인생.

해가 바뀐다고 어제 뜬 해와 오늘 뜨는 해가 어디 다른가? 어제까지는 30대였고 오늘은 마흔 살이 되니 불혹(不惑)이 되든가? 저 망망(茫茫)한 우주(宇宙)를 쳐다보라. 하늘을 본다고 육신의 눈에는 우주가 보이지 않는다. 마음의 눈으로 우주를 상상해 보라. 우리가 사는 지구가 얼마나 작은지 보일 것이다. 그 다음, 어제 말고, 10년 전 말고, 단군 할아버지를 지나 까마득한 과거를 생각해보라. 그리고 먼 미래, 시간의 종말(終末)을 상상해보라. 우리네 한평생 백 년이 얼마나 짧은 순간이요, 찰나인지 알 수 있을 것이다. 덧없는 것이 인생이요, 티끌 같은 존재가 인간이다. 허무주의(虛無主義)라고 속단 말라. 학명선사(鶴鳴禪師)는 우리에게 분별심을 버리라고 설법하고 있는 것이다.

주원회에게 답하면서 答朱元晦(답주원회)

호헌(胡憲, 송나라)

세상 싫어 숨어든 이, 푸른 산만 좋아함은
이 푸른 산 푸르름이 늙지 않기 때문일세
산중에 구름 일고, 하늘엔 비 가득하더니
티끌 먼지 씻어 내고 산 다시금 좋아졌네

幽人偏愛靑山好(유인편애청산호)
爲是靑山靑不老(위시청산청불로)
山中出雲雨太虛(산중출운우태허)
一洗塵埃山更好(일세진애산갱호)

* 幽人(유인) : 속세를 떠나 그윽한 곳에 숨어사는 사람.
* 太虛(태허) : 하늘. 우주의 근본.
* 塵埃(진애) : 티끌 진, 먼지 애.

은자(隱者) 호헌(胡憲)이 주원회(朱元晦)에게 말한다.
"세상의 온갖 어지러운 것들을 피하여 그윽한 곳에 숨어 사는 사람이 산 속 말고 어디로 가겠는가? 사람은 간사하고 표리부동(表裏不同)하여 남에게 상처를 주지만, 산은 언제나 변함없이 푸르고, 모든 이들을 말없이 품어 준다네."
　주원회(朱元晦)는 작가의 친구다. 산 속에서 혼자 사는 친구가 안쓰러워 같이 내려가자고 달랜다. 한 순간 이 작가의 마음속에도 구름과 소나기가 지나간다. 세상의 풍진(風塵)을 피해 산속에 숨어사는데 그 산중에도 한줄기 소나기가 훑고 지나가며 세속(俗世)의 친구가 묻혀 온 때를 씻어낸다.
"친구여 혼자 내려가시게. 나는 산이 좋다네."

남산에 살며 歸園田居(귀원전거)

도연명(陶淵明, 동진~송나라)

남산 아래 콩 심었으나 잡초만 무성해
새벽부터 김매기에 달을 보며 돌아온다
풀 우거진 좁은 길에 밤이슬로 옷 적시지만
옷 젖은들 어떠하리 내 소원 이룬다면

種豆南山下　草盛豆苗稀(종두남산하　초성두묘희)
晨興里荒穢　帶月荷鋤歸(신흥리황예　대월하서귀)
道狹草木長　夕露霑我衣(도협초목장　석로점아의)
衣霑不足惜　但使願無違(의점부족석　단사원무위)

* 苗(묘) : 싹.
* 穢(예) : 더럽다. 더럽히다. 여기서는 김, 기음[田中雜草(전중잡초)]을 말함.
* 鋤(서) : 호미.
* 晨(신) : 새벽.
* 霑(점) : 젖다.

남산 아래에 터를 잡고 서투른 농사일을 시작했다. 콩을 심었으나 워낙 풀이 많아 싹이 드물다. 매일 새벽부터 나와 잡초를 뽑다 달이 뜬 뒤에야 호미를 메고 집으로 돌아온다. 길은 좁은데 초목이 무성하게 우거져 밤이슬에 옷이 젖는다. 옷이 젖은들 상관할 것 없듯이 농사일에 몸이 고단한 것 또한 후회되지 않는다. 다만 내 바램이 어긋나지 않고 이루어지기만을 원할 뿐이다. 그의 바램은 무엇일까? 화려한 재입성은 앞뒤 문맥으로 보아 아닌 것 같고 농사가 잘 되기 바라는 농심(農心)일까? 이 시인의 바램이 어찌 풍년뿐이겠는가. 속세의 부귀영화(富貴榮華)를 버리고 전원(田園)으로 돌아온 이유는 마음의 평안을 얻기 위함일 진데, 이 평온이 어긋나지 않기만을 바라고 있을 것이다.

곡강에서 1 曲江 1(곡강 1)

두보(杜甫, 당나라)

조정에서 퇴근하면 봄옷 벗어 저당 잡히고
매일 강어귀에서 잔뜩 취해 돌아왔소
외상 술값은 가는 데마다 늘 깔아 놓았다네
까짓 것 인생 칠십 옛부터 드문 일인데 뭐

朝回日日典春衣(조회일일전춘의)
每日江頭盡醉歸(매일강두진취귀)
酒債尋常行處有(주채심상행처유)
人生七十古來稀(인생칠십고래희)

* 曲江(곡강) : 당나라 수도 장안에 있는 경치가 아름다운 호수.
* 尋常(심상) : 대수롭지 아니하고 범상함. 尋(심)은 8자, 常(상)은 16자를 나타내는 길이의 단위. 즉 짧은 길이라는 뜻.

퇴근하면 날마다 옷을 맡기고 술을 마시다 잔뜩 취해 집에 들어가니 도처에 깔린 게 외상 술값이다. 하지만 사람이 살면 얼마나 오래 살거나, 아무리 길어도 칠십 살을 넘기기 어려운 일인데 말단 벼슬이나마 유지하려고 이렇게 비루(鄙陋)하게 살아야 하나. 에라 술이나 마시고 잊어버리자. 두보가 말단 관직에 올라 장안(長安)에 살던 47세 때 지은 시다. 부패(腐敗)와 권모술수(權謀術數)가 만연한 공직세계에 환멸을 느끼고 매일 술에 절어 살던 시절을 읊었다. 일흔 살을 고희(古稀)라 부르는 것은 이 시에서 유래한다. 공자는 '從心所欲不踰矩(종심소욕불유구)'라 하여 칠십을 종심(從心) 또는 불유구(不踰矩)라 하고, 하늘이 내린 수명이라 하여 천수(天壽)라 하기도 한다. 마음을 비우게 되는 나이라 하여 공심(空心)이라고도 한다.

곡강에서 2 曲江 2(곡강 2)

두보(杜甫, 당나라)

꽃을 뚫는 호랑나비 숨은 듯이 보이고
물을 찍는 잠자리는 한가로이 난다
풍광은 함께 흐르고 바뀌는 것이라더라
잠시 즐길 뿐 서로 거스르지 말라

穿花蛺蝶深深見(천화협접심심견)
點水蜻蜓款款飛(점수청정관관비)
傳語風光共流轉(전어풍광공류전)
暫時相賞莫相違(잠시상상막상위)

* 穿(천) : 뚫다.
* 蛺蝶(협접) : 호랑나비.
* 蜻蜓(청정) : 고추잠자리.
* 款(관) : 느리다. 완만하다. 관은 정성. 사랑.
* 賞(상) : 칭찬. 상. 여기서는 즐기다의 뜻.

곡강이수(曲江二首)라 하여 연속해서 두보의 시를 소개한다. 한시는 글자 수와 구절의 수에 따라 그 형식을 구분한다. 한 구절이 5자면 오언시, 7자면 칠언시가 되며, 4구절이면 절구, 8구절이면 율시라 한다. 즉 다섯 글자가 네 구절이면 오언절구라 하고, 일곱 글자가 여덟 구절이면 칠언율시라 한다. 지난주와 이번 주에 이어진 곡강은 각각 독립된 칠언절구 두 수로, 혹은 칠언율시 한 수로 전해온다. 꽃밭의 호랑나비와 물 위를 날아다니는 고추잠자리를 통하여 아름다운 곡강의 풍광을 묘사한 후 '이토록 평화롭고 아름다운 경치도 세월에 따라 흘러가고 변한다. 다시 말해서 인생유전이다.'라고 말한다. 일흔도 못사는 인생이니 좋은 경치를 즐길 일이지 서로 거스르며 살지는 말자.

술과 함께 對酒(대주)

백거이(白居易, 당나라)

달팽이 뿔 끼리 싸움은 웬 일인가
부싯돌 번쩍이는 찰라 같은 인생인데
부자건 가난하건 그런 대로 즐겁거늘
입 벌려 못 웃는 자 이 또한 바보일세

蝸牛角上爭何事(와우각상쟁하사)
石火光中寄此身(석화광중기차신)
隨富隨貧且歡樂(수부수빈차환락)
不開口笑是痴人(불개구소시치인)

* 蝸牛(와우) : 달팽이. 와우지쟁(蝸牛之爭) 또는 와각지쟁(蝸角之爭)은 장자(莊子) 칙양편(則陽篇)에 나오는 우화. 가까운 사람끼리 사소한 일로 싸우지 말라는 뜻.
* 石火光中(석화광중) : 부싯돌에서 나는 불빛처럼 지극히 짧은 시간을 이르는 말.
* 不開口笑(불개구소) : 장자(莊子) 도척편(盜拓篇)에 나오는 개구이소자일월중사오일(開口而笑者一月中四五日=웃으며 사는 날은 한 달에 불과 4~5일에 불과하다)에서 나온 말. 인생은 짧고 우환이 많은 것이니 가급적이면 즐겁게 웃으며 살라는 뜻.

백락천(白樂天)이 장안에서 형부시랑 벼슬할 때 지은 대주(對酒)라는 제목의 다섯 수의 시 중 하나로 장자(莊子)에 나오는 달팽이 우화와 도척과 공자(孔子)의 일화를 빌려 지었다. 어차피 짧은 인생인데 대범하고 낙천적으로 살라고 권한다. 마음 맞는 친구와 술잔을 마주할 때 권주가로 읊조리기에 어울리는 시이긴 하지만 이 시 속에 담긴 뜻은 매우 심오하다.

더위를 견디며 苦熱(고열)

백거이(白居易, 당나라)

사람들은 미친 듯 피서를 떠나지만
스님만은 방 속에 처박혀 나오지 않네
선방에는 더위도 얼씬거리지 못할까
마음이 고요하니 몸도 시원할 테지

人人避暑走如狂(인인피서주여광)
獨有禪師不出房(독유선사불출방)
可是禪房無熱到(가시선방무열도)
但能心靜卽身冷(단능심정즉신냉)

* 禪房(선방) : 참선을 수행하는 방.
* 但(단) : 다만.
* 能(능) : ~를 할 수 있다.

　지금처럼 요란하지는 않았을 터이지만 당시에도 피서철이 있었나 보다. '미친 듯이 떠난다(走如狂)'는 표현은 마치 현재 우리나라의 요란스러운 여름휴가 피서 여행 풍속을 나타낸 것 같다. 모두가 산으로 물가로 몰려가 시끌벅적 어울려 노는 한여름 이 더위에 오직 한 사람 참선(參禪)에 몰입한 스님만은 꿈적도 않고 하루 종일 방에서 두문불출(杜門不出)한다. 선방(禪房) 안으로는 더위조차 범접(犯接)하기 어려워서 일까. 무심한 더위가 고승(高僧)을 알아볼 수 있겠는가. 스님의 마음이 고요하니 그의 몸 또한 시원할 뿐이겠지. 우리들 역시 고승은 아니지만 이만한 더위쯤이야 마음먹기에 달렸지 않을까?

인 생

새해를 맞으며 偶成(우성)

주희(朱熹, 송나라)

늙기는 쉬우나 학문을 이루기는 어렵다네
아무리 짧은 시간도 가볍게 여기지 마오
연못가 봄풀은 아직도 꿈속인데
섬돌 앞 오동잎은 벌써 가을을 알린다네

少年易老學難成(소년이로학난성)
一寸光陰不可輕(일촌광음불가경)
未覺池塘春草夢(미각지당춘초몽)
階前梧葉已秋聲(계전오엽이추성)

* 一寸光陰(일촌광음) : 짧은 시간. 줄여서 촌음(寸陰). 광음(光陰)은 해와 달, 즉 세월 또는 시간을 뜻함.
* 階(계) : 섬돌.

또다시 새해를 맞았을 때 아직 젊은 사람들은 세월처럼 빠른 게 없다는 노인들의 말을 실감하기 어려울 것이다. 이 시에서 꿈을 꾸는 봄 풀[春草夢]은 소년, 즉 젊은이를 가리키고, 가을 오동잎은 노인을 표현한 말이다. 소년이로(少年易老), 마냥 길 것 같은 젊은 시절도 잠깐 사이에 늙어진다. 그리고 이 세상 어떤 일이 노력 없이 저절로 이루어지겠는가. 비단 학문뿐 아니라 무슨 일이건 노력 없이는 제대로 이루기 어려우리라. 단 일 분 일 초라도 아끼며, 하는 일에 정성을 다하면 자신도 모르는 사이에 좋은 성과가 나타날 것이다. 모두가 새로운 계획을 세우고, 새로운 각오를 다지는 때가 정초(正初)이다. 새해를 맞이할 때는 한 해 동안 초지일관(初志一貫)하여 이룰 꿈을 꾸기 바란다.

산에 살면서 山居(산거)

이인로(李仁老, 고려)

봄은 갔어도 꽃은 아직 있고
하늘은 맑아도 골짜기는 어둡다
한낮에도 소쩍새 울어대니
깊은 곳에 사는 줄 이제야 알겠다

春去花猶在(춘거화유재)
天晴谷自陰(천청곡자음)
杜鵑啼白晝(두견제백주)
始覺卜居深(시각복거심)

* 猶(유) : 1)원숭이 유, 원숭이는 의심이 많아 망설일 유, 흉내를 잘 내니 같을 유. 2)오히려, 아직도, 여전히. 여기서는 2)의 뜻.
* 始(시) : 처음. 근본. 비로소. 비롯하다.
* 卜居(복거) : 살 만한 곳을 점침. 살 만한 곳을 가려서 정하고 살다.

고려시대의 무신정변을 배경으로 한 사극 드라마가 장기간 인기를 얻은 적이 있다. 이인로가 젊었을 때 무신정권이 들어섰다. 당시 백성들은 싸움터에서 죽거나 굶어 죽는 등 그 참상을 말로 다 표현할 수 없었다. 또한 문신들은 무인 세력 밑에서 정치적인 핍박을 받으며 어려운 고초를 겪어야 했다. 그런 엄혹한 시절에 뜻을 가진 많은 문인들은 세상을 피하여 깊은 산중으로 들어가 칩거해야만 했다. 이 시는 단순히 세상을 등지고 한적한 삶을 즐기는 내용이 아니다. 어둡고 참담한 현실을 한탄하고 있다. 두 시에 공통적으로 나오는 그늘 속에서 늦게 핀 꽃은 그들의 자존심과 가치관을 의미한다.

눈이 온 뒤에 雪後(설후)

이항복(李恒福, 조선)

눈 내린 산 속 집 사립문은 닫혀 있고
시냇물 위 다리에는 한낮에도 인적이 없다
화로 속 불 모락모락 피어나 뜨거워서
주먹만한 산밤을 손수 구어 먹는다

  雪後山扉晩不開(설후산비만불개)
  溪橋日午少人來(계교일오소인래)
  篝爐伏火騰騰煖(구로복화등등난)
  茅栗如拳手自煨(모율여권수자외)

* 扉(비) : 사립문.
* 煨(외) : 불에 묻어 굽다. 그을리다.

 요즘 초등학생들도 오성과 한음의 이야기책이나 만화를 읽으면서 혼자서 실없이 낄낄대는지 모르겠다. 오성 이항복은 지체 높은 양반집에서 태어나 한양에서 자란, 머리 좋고 장난기 많은 요즘 말로 짱이었다. 성균관을 나와 과거에 급제하고 엘리트 관료로 비교적 순탄한 인생을 살았다. 의심 많은 선조임금 밑에서 그리고 치열한 당파싸움 속에서 정도(正道)를 지켜가며 영의정이 되기까지 관직(官職)을 유지하기란 그의 특출한 처세술이 아니면 불가능 했을 것이다. 그러나 그 역시 결국은 인목대비에 대한 폐모론(廢母論)에 반대하여 함경도 북청으로 귀양 가, 거기서 죽는다. 바쁘게 살았던 그이지만 50세 전후 몇 년 동안 백수(白手)생활 할 때가 있었다. 그 당시 오성대감의 쓸쓸하면서 한가로운 마음과 사람을 그리워하는 심정이 이 시에 녹아 있다.

길에서 途中(도중)

윤계(尹堦, 조선)

날은 저물고 삭풍은 몰아쳐
사무치는 추위에 힘겨운 길 걸음
얼어붙은 숲에서 하얀 연기 오르니
흰 눈 속에 보이는 산중의 주막집

日暮朔風起(일모삭풍기)
天寒行路難(천한행로난)
白烟生凍樹(백연생동수)
山店雪中看(산점설중간)

* 朔風(삭풍) : 겨울에 부는 북풍.
* 天寒(천한) : 여기서 天은 하늘 천이 아니고 기후 날씨 등을 뜻함.
* 看(간) : 보다. 보이다.

먼 길을 갈 때 말이나 나귀를 타고 가는 것은 고관대작이나 가능한 일이었다. 그저 하릴없이 걷는 수밖에 없다. 짧은 겨울 해는 저물어 가고 삭풍이 몰아치는데 추운 날씨에 눈까지 내린다. 춥고 배고프고 다리가 아프다. 너무 힘이 든다. 인가도 없는 산길을 한 참 가고 있는 중에 얼어붙은 앙상한 나무 숲 너머로 모락모락 피어오르는 흰 연기가 보인다. 드디어 주막이 보인다. 훈훈한 방에서 뜨거운 국밥 한 그릇에 걸쭉한 막걸리를 곁들일 수 있으니 이 나그네 얼마나 반가웠을까. 인생은 나그네 길이라 한다. 요즘 같은 불경기가 해는 지고 삭풍이 몰아치는 추운 산길과 같다. 어려운 나그네에게 주막과 같은 존재가 되고 싶다. 주막이 될 수 없다면 최소한 삭풍만은 되지 말 일이다.

흰머리카락을 보며 秋浦歌(추포가)

이백(李白, 당나라)

하얀 머리카락 길이가 삼천 장
얽힌 근심으로 올올이 길었다
거울 속 저 노인은 알 수가 없다네
가을 서리를 어디서 얻어 왔을까

白髮三千丈(백발삼천장)
緣愁似箇長(연수사개장)
不知明鏡裏(부지명경리)
何處得秋霜(하처득추상)

* 丈(장) : 길이의 단위. 열 자. 사람 키만한 길이.
* 緣(연) : 인연. 연분. 원뜻은 직물의 가장자리.
* 箇(개) : 낱낱의 물건을 세는 단위(=個). 여기서는 머리카락 한 올.

지금 사람들은 남자들도 하루에 몇 번씩 거울을 통하여 자기 얼굴을 보며 살아가지만 이태백(李太白)이 살던 시절엔 아마도 일 년 내내 몇 번 보기 어려웠을 것이다. 자주 만나는 사람들끼리는 서로 늙어 가는 것을 잘 모른다. 그러나 오랜만에 만나면 세월의 흔적을 그대로 볼 수 있다. 이태백이 거울 속 자신의 얼굴을 보며 놀라는 것은 그리 이상한 일도 아니며 호들갑은 당연히 아니다. 세월을 따라 검은 머리가 하얗게 세고 팽팽하던 얼굴에는 깊은 주름이 패는 것을 누군들 막을 수 있으랴. 살다 보면 머리카락처럼 서로 얽힌 인연 때문에 근심과 슬픔은 피할 수 없고 그로 인해 세월의 흔적이 백발과 주름으로 남는데 우리는 그저 순응하며 살 도리 밖에 없다. 매일 거울을 보면서도 자기가 늙어 가는 줄 모르는 사람은 바보다.

밤 늦은 시간에 夜坐(야좌)

장뢰(長耒, 송나라)

인적 없는 빈 뜰에 가을달만 밝은데
밤 서리 내리려고 날씨가 먼저 맑다
오동은 진정코 지는 잎이 아쉬워서
남은 잎 몇 개 바람 맞아 신음소리

庭戶無人秋月明(정호무인추월명)
夜霜欲落氣先淸(야상욕락기선청)
梧桐眞不甘衰謝(오동진불감쇠사)
數葉迎風尙有聲(수엽영풍상유성)

* 謝(사) : 말씀(=辭). 사례하다. 물러가다. 잎이나 꽃이 떨어지다. 끊다.
* 尙(상) : 오히려. 원하다. 숭상하다. 보태다.

깊어 가는 가을밤에 달은 너무도 밝은데 찬 서리가 가슴 시린 이 사내는 무슨 사연이 있어 밤잠을 설치고 홀로 앉아 있는가. 이 시의 후반부에서 그 이유를 추측할 수 있다. 전반부는 무대(舞臺)와 배경(背景)이라 할 수 있고 후반부에서 시인은 오동나무를 의인화(擬人化)하여 자신과 동일시(同一視)하고 있다. 시절에 따라 낙엽이 되어 옷을 벗는 오동나무가 자신의 쇠락(衰落)을 원하지 않듯이 이 시인 또한 자신이 늙어 가는 것을 아쉬워하고 있는 것이다. 그게 아니면, 자기의 조국(祖國)인 송(宋)나라가 쇠망(衰亡)해 가는 것을 애석(哀惜)해 하고 있는지도 모른다. 오동잎에 바람이 스치는 소리와 함께 귀뚜라미 울음소리도 들을 수 있는 감수성(感受性)을 가진 독자라면 이 시를 제대로 감상한 거다.

무덤을 바라보며 邙山(망산)

심전기(沈佺期, 당나라)

북망산 위에 줄지은 왕후장상의 무덤들
천년 만년 낙양성을 바라보고 있구나
성 안에선 밤낮 없이 풍악소리 울리건만
저 산 위에 들리는 건 솔바람 소리 뿐

北邙山上列墳塋(북망산상열분영)
萬古千秋對洛城(만고천추대낙성)
城中日夕歌鍾起(성중일석가종기)
山上唯聞松柏聲(산상유문송백성)

* 邙山(망산) : 낙양성 북쪽 귀족들의 공동묘지. 북망산.
* 墳塋(분영) : 무덤. 분묘(墳墓). 영(塋)은 산소(山所), 즉 뫼의 높임말.
* 唯(유) : 오직.

'낙양성 십 리 하에/높고 낮은 저 무덤은/영웅호걸이 몇몇이며/절세가인이 그 누구냐//우리네 인생/한 번 가면/저 모양이 될 터이니//에라 만수/에라 대신이야//' 김세레나를 비롯해 여러 가수가 불렀던 성주풀이 노랫말이다. 우주(宇宙) 삼라만상(森羅萬象) 모든 것에는 생겨났다가 사라지는 수명(壽命)이 있다. 사람은 고작 백 년을 못 산다. 한 시대를 풍미하던 할리우드 스타들도 늙고 나면 그 미모(美貌)가 흔적도 없어지고 오히려 보통사람들 보다 더 추한 모습으로 바뀌기도 한다. 모든 망자(亡者)들은 한때 생자(生者)였다. 대부분의 생자(生者)는 죽음에는 관심이 없고 오직 환락과 자기만족을 추구한다. 짧은 인생인데 각자 자기 식으로 즐겁고 보람되게 살면 되겠지만, 죽음을 생각하면 모든 생명 앞에 겸손하지 않을 수 없을 것이다. 인생무상(人生無常)을 가르치고 있다.

싸움터에서 磧中作(적중작)

잠삼(岑參, 당나라)

서쪽으로 말 달려 하늘 끝까지 왔다
집 떠난 후 두 번 째 보는 보름달인데
오늘 밤은 어디서 머물지 몰라
막막한 사막에 사람 흔적 끊겼다

走馬西來欲到天(주마서래욕도천)
辭家見月兩回圓(사가견월양회원)
今夜未知何處宿(금야미지하처숙)
平沙萬里絶人烟(평사만리절인연)

* 磧(적) : 모래가 아닌 자갈과 바위 사막.
* 辭(사) : 말씀 사. 그만둘 사. 여기서는 작별하고 떠남의 뜻.
* 絶人烟(절인연) : 민가(民家)가 없다는 뜻. 밥 짓거나 난방을 위해 불 지피는 연기가 끊어짐.

고구려 출신 당나라 장군 고선지(高仙芝)의 막부서기로 서기 749년 제 2차 서역정벌(西域征伐)에 참전(參戰)하여 중앙아시아의 사막을 행군하며 지은 시다. 이런 풍의 시를 요즘은 진중시(陣中詩) 또는 병영시(兵營詩)라 하지만 한시(漢詩)에서는 변새시(邊塞詩)라 한다. 멀고도 먼 이국 땅, 가도 가도 끝없는 모래와 자갈 뿐, 인적 없는 사막에서 밝은 달을 보며 이 시인은 무슨 생각을 하고 있을까? 그저 오늘은 어디서 눈을 부칠까, 민가라곤 없으니 노숙을 하겠지, 어찌 이런 생각뿐이겠는가. 고향의 가족 생각에 그리움과 외로움, 닥쳐올 전투에 대한 긴장과 두려움은 왜 없었겠는가. 군인의 신분으로서 표현을 절제하고 있기에 더욱 가슴을 파고드는 비장감(悲壯感)이 절절하다.

오의항에서 烏衣巷(오의항)

유우석(劉禹錫, 당나라)

주작교 언저리엔 들꽃이 만발하고
오의항 어귀에는 석양이 비끼었다
옛 시절 세도가의 큰 집에 살던 제비
이젠 백성들 집에 예사로 날라든다

朱雀橋邊野草花(주작교변야초화)
烏衣巷口夕陽斜(오의항구석양사)
舊時王謝堂前燕(구시왕사당전연)
飛入尋常百姓家(비입심상백성가)

* 王謝(왕사) : 王導(왕도)와 謝安(사안). 두 사람은 동진의 재상.
* 燕(연) : 제비.

역사는 끊임없이 반복된다는 말이 있다. 한때는 번성을 구가하던 나라나 도시가 몰락하여 한벽한 궁촌이 되기도 하고 반대로 누추하고 별 볼일 없던 지역이 번창하기도 한다. 이 시에 나오는 오의항은 4세기 동진(東晉)의 수도였던 금릉(지금의 난징)에 귀족들이 살던 동네의 이름이다. 기화요초(奇花瑤草)가 다투어 자태를 뽐내던 주작교 주변에는 잡초만 우거져 있고 고대광실(高臺廣室)이 즐비하던 오의항에는 해가 기울어 더욱 쓸쓸하다. 그 옛날 세도가의 집에서 살던 제비들이 오늘날에는 무지렁이 백성들 집에도 예사롭게 날아든다. 귀족들의 시대는 가고 만 백성들을 위하는 시대가 왔음을 제비를 통해 암시한다. 역사는 끊임없이 한 방향으로 발전한다. 일시적인 반동이 있을지라도 민주주의 그 방향으로 말이다.

임류정에서 臨流亭(임류정)

기대승(奇大升, 조선)

솔가지 끝에 달린 맑은 달이 한가로워
온갖 근심 떨쳐 버린 임류정의 술자리
인간사 흥망성쇠 그 얼마나 보아왔던가
이 인생이 헛되단 것 취해서도 알겠구려

松梢淸月上悠悠(송초청월상유유)
把酒臨流散百憂(파주임류산백우)
人世幾看榮又悴(인세기간영우췌)
醉中渾覺此生浮(취중혼각차생부)

* 梢(초) : 나무의 가지.
* 悠(유) : 멀다. 아득하다. 한가하다. 생각하다.
* 憂(우) : 근심. 愁思(수사). 걱정.
* 看(간) : 보다.
* 悴(췌) : 근심하다. 疲弊(피폐)하다. 파리하다.
* 渾(혼) : 흐리다=濁(탁). 섞이다.

원 제목은 '臨流亭公燮和韻復次之'(임류정공섭화운복차지)다. '임류정에서 공섭(公燮)이 내 운(韻)을 받아 화답하기에 내가 다시 그 운(韻)을 받아 읊다' 라는 뜻이다. 공섭(公燮)은 송강 정철(松江 鄭澈)의 스승인 송천 양응정(松川 梁應鼎)의 자(子)이고 임류정은 그의 정자(亭子)다. 달밤에 정자에서 선비들이 마주 앉아 술잔을 나누면서 시를 주고받는 모습이 무척 한가롭고 고고(孤高)하다. 세상의 모든 근심 걱정이 감히 범접하지 못할 분위기다. 그러나 아름다운 경치와 맛 좋은 술과 마음 맞는 친구가 근심을 물리쳐 주는 것이 아니다. 인생은 부질없는 것이라는 깨달음이 있어서 근심이 달아난 것이다. 욕심을 버리면 근심도 사라진다.

추운날 홀로 앉아 雪夜獨坐(설야독좌)

김수항(金壽恒, 조선)

허물어진 집에 찬 바람이 스며들고
빈 뜰에는 흰 눈이 소복소복 쌓인다
시름겨운 내 마음은 등잔불과 같아
오늘 밤 함께 타서 까맣게 재가 된다

   破屋凄風入(파옥처풍입)
   空庭白雪堆(공정백설퇴)
   愁心與燈火(수심여등화)
   此夜空成灰(차야공성회)

* 凄(처) : 쓸쓸하다. 춥다.

온갖 권세와 영화를 누리던 사람이 몰락했을 때 인생은 허무한 것. 타다가 재 만 남기고 꺼지는 모닥불 같은 것이라고 한탄하는 것은 일종의 사치가 아닐까? 허물어진 집에다 텅 빈 뜰, 거기에 찬바람 불고 흰 눈이 쌓이는 을씨년스러운 풍경은 작가가 처한 상황이다. 수심(愁心)에 애가 타는 마음은 결국 재만 남기고 꺼질 운명이다. 우국충정(憂國衷情)의 수심(愁心)이 아닌 권력투쟁(權力鬪爭)의 패배자가 느끼는 수심(愁心)이다. 작자 김수항은 장원 급제하여 몇 번의 부침 끝에 조선 숙종 때 영의정까지 올랐으나 끝내는 기사환국(己巳還局)으로 진도에 유배된 후 사약을 받고 죽었다. 당파 싸움이 한창이었던 장희빈 시절이었으니 시대의 희생자라 할 수도 있겠다.

고독한 가운데 峽行雜絶(협행잡절)

강진(姜溍, 조선)

산속에 사는 노인이 밤중에 문을 열고 나와
사방을 한 번 휘둘러보고 서서 하는 말
얄미운 딱따구리 녀석 같으니라고
마을에서 사람이 찾아온 줄 알았네 그랴

山翁夜推戶(산옹야추호)
四望立一回(사망립일회)
生憎啄木鳥(생증탁목조)
錯認縣人來(착인현인래)

* 峽(협) : 골짜기. 두메산골.
* 啄木鳥(탁목조) : 딱따구리.
* 縣(현) : 고을. 조선시대 지방행정단위.

　제목의 잡절(雜絶)이란 모든 잡것들과 인연을 끊었다는 뜻. 분주하기만 하고 헛된 세상사와 단절했고, 옳고 그른 시빗거리도 없는 곳이다. 혈육이든 벗이든 마을 사람들과도 인연을 끊었다. 그러나 무슨 사연으로 산속에서 홀로 사는지 몰라도 이 노인은 사람이 그리웠나 보다. 밤중에 누가 찾아와 문을 두드리는 소리가 들려서 나가 보니 아무도 없다. 딱따구리가 나무를 쪼는 소리를 문 두드리는 소리로 착각한 것이다. 고독은 쓸쓸하다. 그러나 누군가를 기다리는 것은 아름답다. 그리고 만약 그리운 사람이 있으면 스스로 먼저 찾아 나설 일이다. 공연히 딱다구리를 미워하지 말고.

잠깐 비 그치니 乍晴乍雨(사청사우)

김시습(金時習, 조선)

잠깐 사이 맑다 비 오다, 갑자기 또 갠다
하늘 속도 이렇거늘 세상 일은 오죽할까
칭찬하는 척하더니 곧 내 흉을 보더니만
고상한 척 내숭 떨며 제 이름내기 바쁘더라

乍晴乍雨雨還晴(사청사우우환청)
天道猶然況世情(천도유연황세정)
譽我便應還毁我(예아편응환훼아)
逃名却自爲求名(도명각자위구명)

* 乍(사) : 잠깐. 별안간. 갑자기.
* 況(황) : 하물며.
* 譽(예) : 칭찬하다. 이름나다.
* 毁(훼) : 허물다. 험담하다.
* 逃名(도명) : 지조를 굳게 지켜 세속과 타협하지 아니함.

"맑은 하늘에 갑자기 먹구름이 몰려오더니 소나기 한줄기가 시원하게 지나간다. 그리고는 언제 그랬나 하듯이 햇볕이 쨍쨍 나며 바로 갠다. 하늘의 뜻도 이토록 변덕이 죽 끓듯 하는데 하물며 세속에 찌든 간사한 인간들은 어떻겠는가. 나를 신동(神童)이다 천재(天才)다 하며 입에 침이 마르도록 칭찬을 늘어놓던 사람들이 내 신세가 바뀐 뒤에는 나를 흉보고 내 험담을 주절주절 늘어놓는데 그런 작자들을 보면 하나 같이 위선 덩어리들이라. 겉으로는 도덕군자에 겸손한 마음을 가진 고상한 사람처럼 굴지만 속으로는 제 이름 나기 바라는 속물들이더라. 후세 사람들이여 내 말을 명심해서 듣기 바라노라."

이상은 딸깍발이 원조(元祖)인 매월당 김시습의 말씀이다.

꽃이 피고 지니 花開花謝(화개화사)

김시습(金時習, 조선)

꽃이 피고 지는 것을 봄이 어찌 다스리나
구름이 가건 오건 산은 다투지 않는다네
사람들아 내 하는 이 말을 부디 기억하라
즐거움 누릴 곳 평생에 아무 곳도 없다네

花開花謝春何官(화개화사춘하관)
雲去雲來山不爭(운거운래산부쟁)
寄語世人須記憶(기어세인수기억)
取歡無處得平生(취환무처득평생)

* 謝(사) : 말씀. 끊다. 물러가다. (꽃이) 지다.
* 寄(기) : 붙어 있다. 부치다. 전하다. 부탁하다.
* 元亨利貞(원형이정) : 주역에서 건괘의 의미. 天道. 원(元)은 春, 仁, 선한 시작. 향(亨)은 夏, 禮, 번영. 이(利)는 秋, 義, 조화. 정(貞)은 冬, 智, 완성을 의미한다.

사람은 살면서 무엇을 추구하는가? 쾌락(快樂)이다. 돈을 벌어 풍족한 의식주(衣食住)를 누리고자 하는 것, 명예와 권력을 추구하며 자기를 과시하는 것, 심지어는 사랑과 우정조차도 일종의 쾌락이다. 그런데 김시습은 평생 동안 찾아 헤매도 즐거움은 얻을 수 없다고 말한다. 역설적으로 말하고 있는 것이다. 봄과 산처럼 다스리려 않고 다투지 않으면 즐거움이 있다는 말이다. 꽃은 봄의 현상일 뿐이다. 본질은 계절의 순환 즉 자연의 섭리다. 구름은 바람에 따라 오고 가지만 산은 그대로 있다. 봄은 하늘의 이치, 즉 천리(天理)요, 산은 땅의 기운 즉 지기(地氣)다. 하늘과 땅 사이에 있는 인간도 하늘의 뜻인 원형이정(元亨利貞)을 따르면 즐거움과 괴로움으로부터 자유를 얻으리라고 말하고 있다.

여름철에 夏畵偶作(하화우작)

유자후(柳子厚, 당나라)

남녘의 유월 더위 마치 술 취한 듯하고
한낮에 혼자 앉았는데 너무 조용해서
북창을 열어 두고 방석에 기대어 자는데
산골아이 대밭에서 차 끓이는 소리

　南州溽暑醉如酒(남주욕서취여주)
　日午獨覺無餘聲(일오독각무여성)
　隱几熟眠開北牖(은궤숙면개북유)
　山童隔竹敲茶臼(산동격죽고다구)

* 溽(욕) : 6월 더위. 무덥다. 무르녹다=溽暑(욕서).
* 隱(은) : 숨다. 숨기다. 불쌍히 여기다. 여기서는 기대다, 의지하다는 뜻.
* 几(궤) : 안석(案席). 앉아서 몸을 기대는 두꺼운 방석. 책상.
* 牖(유) : 창문.　　　　　　　* 隔(격) : 막다. 막히다. 멀다.
* 敲(고) : 두드리다.　　　　　* 臼(구) : 절구.

중국 남쪽지방의 여름 더위는 대단하다. 마치 술에 취한 듯 정신이 몽롱해지고 온몸이 나른해진다. 이글거리는 해가 中天(중천)에 걸렸는데 이 지방에서는 이 시간에 모든 사람이 낮잠을 자는 풍습이 있다. 시인 혼자서 깨어 있지만 주변이 마치 한밤중인양 조용하다. 북쪽으로 난 창문을 여니 조금 시원한 바람이 들어온다. 잠이 온다. 案席(안석)에 기대어 스르르 잠이 들었다. 그런데 이 집에서 오직 한 사람이 잠들지 않고 있다. 심부름하는 아이다. 주인이 깰세라 조심하며 차를 달인다. 얼마큼이나 잤을까? 주인은 차 끓이는 달그락 소리에 낮잠을 깼다. 어험, 큰 기침 한 번 하면 이 아이는 차를 받쳐 들고 이내 달려 올 것이다. 주인의 以熱治熱(이열치열)을 위해.

상념에 빠져 重上金剛臺(중상금강대)

정관 일선(靜觀 一禪, 조선)

높은 누각에 조용히 앉아 잠 못 이루는 밤
외로운 등잔불 벽에 걸려 적적한데
문 밖에는 시절 좇아 좋은 바람 부는 소리
뜰 앞에는 도리어 솔방울 떨어지는 소리

高臺靜坐不成眠(고대정좌불성면)
寂寂孤燈壁裏懸(적적고등벽리현)
時有好風吹戶外(시유호풍취호외)
却聞松子落庭前(각문송자락정전)

* 却(각) : 1)물러나다. 물리치다. 2)도리어. 반대로. 여기서는 2)의 뜻.

적막한 밤이다. 벽에 걸린 등잔불만 이따금 흔들리며 방안을 밝히고 있다. 마음을 가라앉히고 조용히 앉아 참선에 들었다. 머리가 맑아지며 온갖 상념이 밀어 닥친다. 밖에는 가을바람이 불어와 솔가지에 매달린 솔방울을 떨어뜨린다. 고즈넉한 산사의 가을밤, 고요한 절 집 분위기를 읊은 시다. 서산대사의 제자 4대문중의 한 분인 정관대사 일선은 임진왜란 이후 불교의 현실 참여를 비판하고, 불자는 모름지기 불도에 정진해야 한다고 주장했다. '문 밖의 바람이 솔방울을 떨어뜨린다' 함은 어지러운 현실상황이 구도의 길을 방해한다는 그의 비판의식이 밑바탕에 깔려 있다고 볼 수 있다.

겨울밤에 冬夜(동야)

황경인(黃景仁, 청나라)

밤 깊어 들어오니 빈집이 썰렁해서
마당의 서리라도 쓸어 볼까 하노라니
서리는 쓸어 내도 달빛은 어쩔 수 없어
서리 위에 밝은 달빛 그냥 얹어 두노라

空堂夜深冷(공당야심냉)
欲掃庭中霜(욕소정중상)
掃霜難掃月(소상난소월)
留取伴明光(유취반명광)

* 空堂(공당) : 사람이 없이 텅 빈 집. 혼자 사는 집에 밤늦게 들어왔음을 표현한다.
* 留取(유취) : 머무를 留, 취할 取. (伴明光을) 잡아 둔다는 뜻.
* 伴明光(반명광) : 달빛(月)은 밝고(明) 서리(霜)는 빛나는데(光), 이 둘이 같이 있다(伴). 月明霜光.

과부는 은이 서말, 홀아비는 이가 서말이란 속담이 있다. 홀아비 사는 집에 군불인들 제대로 넣었겠나. 썰렁한 방에서 잠은 안 오고, 그냥 누워 있자니 처량하기 이를 데가 없다. 마당에 내려앉은 서리라도 쓸면 추위도 덜하고 잡념도 달아나겠지 하고 나와 보니, 달빛이 너무 아름답고 밝다. 하얀 서리가 달빛을 받아 보석처럼 반짝인다. 추위도 잊고 우두커니 달빛과 함께 빛나는 서리[月明霜光]를 바라보다가, 이처럼 소박하고 담백한 시 한 수가 나왔다. 이 시를 지은 황경인(黃景仁)은 중국 청나라 시절의 가난한 시인으로, 객지를 떠돌다 35세에 요절했다.

지난날을 돌아보며 懷舊(회구)

소식(蘇軾, 송나라)

사람의 한평생을 무엇이라 견줄까
눈밭에 기러기 앉았다 간 거라네
어쩌다 눈 위에 발자국 남겼지만
어디로 날아갔나, 어찌 다시 알겠는가

    人生到處知何似(인생도처지하사)
    應似飛鴻踏雪泥(응사비홍답설니)
    雪上偶然留指爪(설상우연유지조)
    鴻飛那復計東西(홍비나부계동서)

* 到處(도처) : 도착하는 곳. 여러 곳.
* 偶然(우연) : 뜻하지 않은 일. 인과법칙과 관계없이 예상하지 못한 일이 일어남.
* 爪(조) : 손톱. 발톱.
* 那(나) : 어찌(=何).

인생이란 무엇인가? 인간이 생각하는 동물로 진화했던 아득히 먼 옛날부터 인공지능이 생활 속으로 파고드는 지금까지 수많은 사람들이 품어 왔던 질문이다. 그리고 다양한 답변 중에 대다수는 인생은 부질없는 것이란 말로 귀결된다. 소동파(蘇東坡)도 그렇게 말한다. 사람의 한평생은 기러기가 눈밭에 앉았다 날아간 것과 같다. 금방 없어질 발자국만 남기고 아무 것도 없는 상태다. 인생이 눈 위에 찍힌 발자국인지, 발자국만 남기고 사라진 기러기인지, 또는 두 가지 다인지 분명치 않으나 하여튼 허무하게 사라지는 것이고 알 수 없는 것이다. 어차피 부질없는 것인데 알아서 무엇하나? 그런데 인생이 기러기라면 발자국에 연연하지 말고 기러기를 봐야 한다. 필경 기러기는 날아가 볼 수 없더라도.

싸움터를 따라다니며 從軍行(종군행)

령호초(令狐楚, 당나라)

천리 사방에 삭풍이 매섭고
은하수와 달빛이 맑고 찬 새벽녘
고향집에 돌아 온 달콤한 꿈결인데
갑자기 들려오는 진군 나팔소리

朔風千里驚(삭풍천리경)
漢月五更淸(한월오경청)
縱有還家夢(종유환가몽)
猶聞出塞聲(유문출새성)

* 朔風(삭풍) : 겨울철에 부는 북풍.
* 驚(경) : 본디 말(馬)이 앞발을 들고 위를 본다(敬)는 뜻인데 놀라다는 의미로 바뀜.
* 漢月(한월) : 은하수(漢)과 달(月).
* 縱有(종유) : 비록 ~이라도. 설사 ~일지라도.
* 猶(유) : 원숭이가 의심하고 망설인다는 뜻인데 오히려, 아직도, 여전히 라는 의미도 있음.

춥다. 살을 에는 듯한 차가운 칼바람이 세차게 분다. 천리 사방으로 탁 트여 거칠 것 없는 평원을 놀란 말이 날뛰는 듯한 거센 바람이다. 북방의 겨울 밤하늘은 은하수와 달빛이 선명하여 더욱 시리다. 국경수비대의 막사에서 새벽단잠에 빠진 한 병사는 고향에 돌아가서 식구들과 만나는 달콤한 꿈속인데 갑자기 들려오는 진군 나팔소리가 꿈을 깨운다. 군대에 갔다 온 사람이면 모두들 한 번쯤은 경험했음직한 상황을 투박하고 웅혼장대하게 묘사했다. 마지막 구절의 반전(反轉)이 유머러스하면서도 이 시의 웅장함을 훼손(毁損)하지 않는다. 요즘도 군대에서는 단꿈을 깨우는 기상나팔 소리를 원망하는 병사들이 많으리라.

나이든 이를 기리며 聽秋蟬(청추선)

강정일당(姜靜一堂, 조선)

어느덧 나무마다 가을맞이 분주하고
매미들은 시절이 다하는 게 아쉬워
해질녘 쉰 소리로 어지러이 노래하는데
쓸쓸한 숲 속을 나 홀로 헤맨다

萬木迎秋氣(만목영추기)
蟬聲亂夕陽(선성란석양)
沈吟感物性(침음감물성)
林下獨彷徨(임하독방황)

* 秋蟬(추선) : 가을 추 매미 선. 철이 다한 매미 즉 나이든 여자를 상징함.
* 物性(물성) : 물건의 성질. 여기서는 세월의 흐름, 또는 태어나고 죽는 생명의 특성을 말함.

정일당(靜一堂)은 강희맹(姜希孟)의 자손으로 시(詩), 서(書), 예(禮)에 뛰어난 사대부 집의 마나님이었다. 부와 권세 그리고 학식까지 두루 갖춘 그녀도 흘러가는 세월만큼은 잡을 수 없었다. 인생의 가을을 맞아 방황하는 마음을 가을 매미에 빗대어 쓸쓸하게 읊었다. 가을에다 석양까지 겹쳤는데 수명이 얼마 남지 않은 매미들의 어지러운 소리가 인생의 허무함을 더욱 부채질한다. 가을 매미나 가을 부채는 한시에서 흔히 늙은 여자를 상징한다. 누구나 살아 있는 한 인생의 황혼을 맞게 된다. 곱게 늙고, 또한 노년을 즐기는 지혜를 가져야겠다.

자형화를 생각하며 對花懷舊(대화회구)

석의당(釋義堂, 일본)

어수선한 세상일이 난마처럼 얽혀서
묵은 원한 새 근심에 한숨만 절로 나오네
일장춘몽 깨어보니 사람은 간데없고
비 내리는 저물녘 자형화만 곱게 피었네

紛紛世事亂如麻(분분세사난여마)
舊恨新愁只自嗟(구한신수지자차)
春夢醒來人不見(춘몽성래인불견)
暮簷雨栖紫荊花(모첨우서자형화)

* 嗟(차) : 슬프다. 탄식하다.
* 簷(첨) : 처마. 처마에 매달리다.
* 紫荊花(자형화) : 홍콩의 시화(市花). 아버지가 죽은 후 삼형제가 재산을 공평하게 나누는데 한 그루 뿐인 자형나무를 세 토막 내려 하자 저절로 말라 죽어갔다. 이를 본 형제들이 재산을 하나로 모아 함께 관리하기로 하자 다시 살아났다는 전설. 화합과 조화를 상징함.

복잡하게 얽히고 꼬인 세상일이 어지럽다. 권세와 욕망을 좇는 탐욕스러운 군상(群像)이 서로 물고 물리는 광란의 세월이다. 묵은 원한과 새로운 근심으로 번뇌(煩惱)하던 이 스님은 어느 봄날 홀연히 깨달았다. 증오와 번민으로 괴롭던 그 사람은 사라지고 화합과 조화를 상징하는 紫荊花(자형화)를 닮은 해탈(解脫)한 스님이 환하게 웃고 있다. 그렇다. 원한과 근심은 모두 선잠 속 꿈일 뿐이다. 한(恨)과 수(愁)를 버리면 꽃이 아름답게 보인다. 석의당(釋義堂)은 14세기 일본의 선승(禪僧)이다. 당시 일본은 남북조 시대로 내전상태였다. 석의당의 아버지와 친구가 그 와중에 죽어 원한(怨恨)을 품었었다.

양읍 가는 길에 襄邑道中(양읍도중)

진여의(陣與義, 송나라)

양쪽 강변에 흩날리는 꽃잎이 배를 붉게 비추는
느릅나무 백리 둑길을 반나절쯤 흘러왔다
뱃전에 누워 하늘을 보니 구름도 멈춘 듯한데
구름이 나와 함께 동쪽으로 가는지도 모르지

飛花兩岸照舡紅(비화양안조강홍)
百里楡堤半日風(백리유제반일풍)
臥看滿天雲不動(와간만천운부동)
不知雲與我俱東(부지운여아구동)

* 照舡紅(조강홍) : 배[舡]를 붉게[紅] 비춘다[照]. 또는 강공(舡紅=처녀 뱃사공)을 비춘다. 이때 紅(공)은 여공(女工)의 뜻임.
* 楡(유) : 느릅나무.
* 俱(구) : 함께.

이 시인은 지금 배를 타고 양읍으로 가고 있다. 양쪽 강변에서 꽃잎이 바람에 흩날리며 배를 붉게 물들인다. 강둑에는 백리를 이어 느릅나무가 늘어서 있다. 반나절쯤 흘러 왔어도 경치가 바뀌지 않는다. 지루한 뱃길에 누워서 하늘을 쳐다본다. 그런데 하늘도 마찬가지다. 하늘 가득히 조각구름이 끼었는데 구름도 움직임이 없이 그대로다. 참 심심하다. 문득 이 시인은 저 구름이 이 배와 같은 방향과 같은 속도로 움직이고 있음을 깨달았다. 무료한 뱃길을 구름이라도 함께 동행해 주니 조금 위안이 된다. 이 시의 첫 구에 나오는 강공(舡紅)을 여자 뱃사공으로 해석할 수도 있다. 이때에는 홍을 공으로 읽어야 한다.

달을 가리키며 指月(지월)

소요당 태능(逍遙堂 太能, 조선)

수만 권의 경전은 손가락질 같아서
손가락 따라서 하늘에 있는 달을 보지만
달이 지고 손가락 또한 잊어도 아무 일 없으니
배고프면 밥 먹고 졸리면 잠자게나

百千經券如標指(백천경권여표지)
因指當觀月在天(인지당관월재천)
月落指忘無一事(월락지망무일사)
飢來喫飯困來眠(기래끽반곤래면)

* 標指(표지) : 손가락으로 표하다.
* 因(인) : ~ 때문에.
* 當(당) : 마땅히. 당연히.
* 喫(끽) : 먹다. 마시다. 즐기다.
* 困(곤) : 노곤하다. 지치다.

달은 진리 또는 본질이요, 손가락은 경전 또는 수행법을 의미한다. 손가락을 따라서 달을 본다는 말은 모든 경전을 연구하고 용맹정진으로 수행해서 진리를 터득하고 득도에 이르게 된다는 뜻이다. 다시 말하면 온갖 경전에 쓰인 교리는 그저 깨달음으로 이끌어 주는 수단일 뿐이라는 말도 된다. 손가락으로 달을 가리키는데 달은 안보고 손가락만 보면 뭐하나? 수단이나 도구에 집착하지 말고 목적이나 본질을 추구하라는 뜻으로 손가락만 보지 말고 달을 보라는 말을 많이 하지만 이 스님은 손가락이건 달이건 경전이건 진리이건 모두 다 헛된 것이라 말한다. 깨달음이란 생각과 분별, 욕심과 집착 모두를 버리고 배고프면 밥 먹고 졸리면 잠자듯 자연스러운 경지에 이르는 것이라는 말씀이다.

풍 경

봄 春(춘)

정몽주(鄭夢周, 고려)

봄비가 보슬보슬 흩날리더니
밤중에야 희미하게 빗소리 들린다
앞 시냇물 넘실넘실 눈 녹은 물 흘러
풀잎도 파릇파릇 싹이 돋겠다

春雨細不滴(춘우세부적)
夜中微有聲(야중미유성)
雪盡南溪漲(설진남계창)
草芽多少生(초아다소생)

* 滴(적) : 물방울.
* 漲(창) : 넘치다.

봄비는 너무 가늘어 물방울이 맺지 않는다. 한밤중 주위가 조용해져야 희미하게 비 오는 소리가 들릴 정도로 가늘고 약한 비다. 그러나 이 비가 겨울 내내 쌓였던 눈을 녹여 개천을 넘실거리게 할 것이다. 뿐 만인가. 풀들의 새싹도 틔워 줄 것이다. 가느다란 보슬비지만 봄비는 큰 힘을 가진다. 봄은 우리가 발 디딘 아름다운 논밭에서 움트고 있다. 겨울은 바다 건너, 대륙 쪽에서, 매서운 눈보라를 몰고 왔지만 이제 오고 있는 너그러운 봄은 삼천리 마을 마을마다 우리 가슴 속에서 희망의 싹을 움트리라. 움터서 이 강산을 덮은 미움의 쇠붙이를 흐물흐물 녹여 버리겠지. 신동엽의 시에서 일부 빌렸다.

봄비 春雨(춘우)

허초희(許楚姬, 조선)

못 위엔 자욱이 봄비 내리고
살랑한 찬 기운이 방안에 스며
한시름 겨워라 침상에 기대니
담장엔 살구꽃 사분이 지네

春雨暗西池(춘우암서지)
輕寒襲羅幕(경한습라막)
愁倚小屛風(수의소병풍)
墻頭杏花落(장두행화락)

* 羅幕(라막) : 얇은 비단 장막. 방문에 외풍을 막거나 장식으로 침.
* 倚(의) : 기대다. 믿다. 의지하다.

난설헌(蘭雪軒) 허초희는 외로운 여인이었다. 결혼생활도 순탄치 못했으며 병약한 몸으로 시댁과 친정을 오가다 27세에 그녀의 천재성을 접은 채 요절했다. 그래서인지 그녀는 봄비를 보면서도 시름에 겨워하였고 떨어지는 꽃잎만이 눈에 들어 올 뿐이었다. 이 세상의 모든 사물은 그것을 보는 이의 마음에 따라 달라진다. 똑같은 봄비를 쳐다봐도 즐거운 마음으로 보느냐 슬픈 마음으로 보느냐에 따라, 새싹을 틔우는 생명력일 수도 있고 꽃잎을 떨구는 시름으로 보이기도 한다. 또한 '말이 씨가 된다'는 말이 있다. 비관적이고 슬픈 시를 주로 쓰는 시인은 불우한 삶을 이어 가는 경우가 많다. 이를 시참(詩讖)이라 한다. 가수들도 자기 노래 가사대로 운명이 바뀐다고 한다. 모쪼록 낙관적으로 생각하고 씩씩하게 살 일이다.

봄날에 絶句(절구)

두보(杜甫, 당나라)

길어진 햇살에 강산은 아름답고
봄바람 불어와 꽃향기 날리네
진흙 머금은 제비들 집짓기 바쁜데
따뜻한 모래밭엔 원앙새가 졸고 있다

遲日江山麗(지일강산려)
春風花草香(춘풍화초향)
泥融飛燕子(니융비연자)
沙暖睡鴛鴦(사난수원앙)

* 遲(지) : 더디다. 늦어지다. 굼뜨다.
* 遲日(지일) : 직역하면 해가 늦어진다. 낮이 길어지는 봄날이라는 뜻.
* 燕子(연자) : 제비. 자(子)는 운율을 맞추기 위해 덧붙인 글자.

봄날은 해가 길어진다. 햇살을 받아 산천초목이 푸르게 되살아나고 있다. 봄바람이 싱그럽다. 온갖 꽃이 다투어 피고 있다. 봄바람에 실려 오는 꽃향기가 코끝을 간질인다. 강남에서 돌아온 제비가 부리에 묽은 진흙을 물고 바삐 난다. 집을 짓기 위해서다. 강가의 모래밭은 종일 내리쬐는 봄볕으로 따뜻하다. 그 모래밭에는 원앙새 한 쌍이 서로 머리를 기댄 채 졸고 있다. 이태백(李太白)이 시선(詩仙)이라면 두보(杜甫)는 시성(詩聖)이라고 불린다. 스무 개의 글자로 화창한 봄날의 따뜻하고 평화로운 정경을 이처럼 깔끔하게 묘사하는 재주는 역시 시성(詩聖)으로 추앙받을 만한 경지다.

봄날 새벽에 春曉(춘효)

맹호연(孟浩然, 당나라)

봄이라 날 밝는 줄 모르고 자다가
여기저기 시끄러운 새 소리에 눈을 떴네
간밤에 비바람 소리 요란했으니
꽃잎이 꽤나 많이 떨어졌으리

春眠不覺曉(춘면불각효)
處處聞啼鳥(처처문제조)
夜來風雨聲(야래풍우성)
花落只多少(화락지다소)

* 曉(효) : 새벽.
* 啼(제) : 새가 지저귀다. 울다. 체로 읽기도 함.
* 多少(다소) : 많고 적음. 다소간. 여기서는 조금 많이. 어느 정도 많다는 뜻임.

봄이 되어 날씨가 풀렸다. 몸이 나른하다. 춘곤증(春困症)이다. 날 새는 줄 모르고 푹 잤다. 집 주변 곳곳에서 한꺼번에 지저귀는 새소리가 시끄러워 잠이 깼다. 새들이 지저귀니 맑게 갠 아침임이 분명하다. 화창한 봄날이다. 간밤에 꽃을 시새움하듯 비바람이 몰아치더니 언제 그랬나 하듯이 활짝 개었다. 변덕스러운 날씨다. 밤새 불던 비바람에 꽃이 많이 졌겠다. 이렇게 또 봄이 가는구나. 화무십일홍(花無十日紅)이라 더니 지는 꽃이 서럽고 가는 봄이 아쉽다. 어차피 인생이란 다 그런가 보다. 꽃은 시들어도 무심한 새들은 화창한 봄날을 노래한다. 사람만이 가는 세월을 아쉬워한다. 세월의 흐름은 자연법칙이지만 인생무상(人生無常)은 관조(觀照)의 세계다.

비 오는 날에 白鷺(백로)

이양연(李亮淵, 조선)

풀잎 색깔 섞인 도롱이
백로가 냇가에 내려 앉네
혹여 놀라 날아갈까 두려워
일어나고 싶지만 주저 앉았네.

蓑衣混草色(사의혼초색)
白鷺下溪止(백로하계지)
或恐驚飛去(혹공경비거)
欲起還不起(욕기환불기)

* 蓑衣(사의) : 도롱이. 풀잎이나 짚으로 엮어 비를 가리는 옷.
* 還(환) : 돌아오다. 도로 가다. 여기서는 다시, 도리어의 뜻.

비 오는 날, 풀잎 엮어 만든 새 도롱이를 쓰고서 냇가에 나가 물꼬를 잡고 있자니 백로 한 마리가 날아와 옆에 내려앉는다. 사람이 아니고 그저 풀 한 포기로 생각했나 보다. 사람과 풀이 하나가 되었다. 일하다 말고 백로를 쳐다본다. 몸을 움직이면 백로가 놀랄까 걱정되어 일어나고 싶어도 꼼짝 못하고 가만히 앉아 있다. 백로를 배려하는 이 농부의 마음씨라면 이웃에게는 어떨지 말 안 해도 뻔하겠다. 한갓 미물일지라도 따뜻하게 배려하는 마음, 자연과 인간의 합일, 조용히 미소 짓게 하는 포근한 시다.

길가에서 지은 즉흥시 途中卽事(도중즉사)

김극기(金克己, 고려)

푸른 이끼에 말발굽 젖는 외줄기 산길
매미소리 끊어질듯 이어지는 험한 길
궁촌의 아낙네는 오히려 생각이 많아
웃으며 비녀 고치고 시냇물에 비춰 보네

　　一逕靑苔濕馬蹄(일경청태습마제)
　　蟬聲斷續路高低(선성단속로고저)
　　窮村婦女猶多思(궁촌부녀유다사)
　　笑整荊釵照柳溪(소정형채조류계)

* 卽事(즉사) : 즉흥적으로 읊음.　　　* 蹄(제) : 발굽.
* 蟬(선) : 매미.　　　　　　　　　　* 猶(유) : 오히려.
* 荊釵(형채) : 가시나무 형 비녀 채.

이끼 낀 산길이라. 인적이 드문 산골이다. 끊어질듯 하면서도 한없이 이어지는 매미소리처럼 산길도 오르락내리락 하며 이어진다. 궁벽(窮僻)한 산골 마을 근처를 지나는데 한 여인네가 보인다. 마을만큼이나 여인의 행색도 누추하다. 그러나 이 시인의 따뜻한 눈길에는 번잡한 거리의 화려하게 치장한 여인보다 더 곱게 보인다. 깨끗한 계곡 물에 머리를 감고 비록 나무 비녀일지라도 곱게 고쳐 매는 가난한 시골 여인의 순박한 미소가 너무 사랑스럽다. 버드나무 밑에서 자신의 얼굴을 시냇물에 비춰 보면서 낯선 나그네에게 곱게 보이고 싶은 마음은 여자의 특권이 아니겠는가. 성형 미인보다 자연 미인이 더 싱그럽다. 김극기는 과거에 급제했으나 벼슬에 뜻이 없이 농민들과 함께 살며 그들의 애환을 농민 편에 서서 읊었던 민중 시인이었다.

산골마을을 지나며 松京道中(송경도중)

김정희(金正喜, 조선)

아름다운 산중 마을 서당 하나 있나 보다
담 너머 글소리 개울처럼 흐른다
비 뿌리는 들녘에 농부들 부산하고
인삼 꽃 피는 마을엔 향기가 가득하다

   山山紫翠幾書堂(산산자취기서당)
   籬落句連碧澗長(이락구연벽간장)
   野笠卷風林雨散(야립권풍림우산)
   人蔘花發一村香(인삼화발일촌향)

* 紫(자) : 보라색. 山紫水明(산자수명)=산의 경치가 아름답고 물이 맑음. 경치가 좋음.
* 幾(기) : 빌미 기. 조짐. 전조.
* 野笠卷風林雨散(야립권풍림우산) : 직역하면 '들의 삿갓 바람에 접히고 숲 속 비는 흩어진다'이다. 저자는 산자락으로 난 길에서 들판을 바라보고 있다. 보슬비가 내린다. 야립(野笠)이라 들에 삿갓만 있겠는가. 삿갓 쓴 사람까지 보아야 한시를 감상할 수 있다.

임진강을 건너 개성에 거의 다다른 어느 산골 마을을 지나고 있다. 이런 산중에도 서당이 있나 보다. 울타리 너머로 들려오는 아이들 글 읽는 소리가 마치 맑은 개울물이 흐르는 소리처럼 길게 이어진다. 바람 불고 비도 오는 데 들녘에서는 삿갓을 쓰고 농사일에 열중하는 농부들 모습이 든든하다. 글 읽는 아이들, 열심히 일하는 어른들, 여기에 인삼 꽃향기까지 있으니 얼마나 살기 좋은 마을인가.

산을 오르며 山行(산행)

김시진(金始振, 조선)

꽃잎은 졌지만 새소리 좋아라
그늘진 오솔길 시냇가로 이어지고
졸다 가다 읊으니 시가 절로 나와도
산중이라 붓이 없어 적을 수가 없구나

開花自落好禽啼(개화자락호금제)
一徑淸陰轉碧溪(일경청음전벽계)
坐睡行吟詩得句(좌수행음시득구)
山中無筆不須題(산중무필불수제)

* 須(수) : 턱수염. 바라다. 사용하다. 여기서는 '반드시 ~해야 하다.'
* 不須(불수) : 모름지기 ~를 할 수 없다.
* 題(제) : 이마. 표지. 제목. 여기서는 '기록하다'의 뜻.

며칠 전 가까운 친구들과 함께 청계산에 올라갔다. 봄에 피었던 꽃들은 아카시아 꽃을 마지막으로 모두 다 지고 녹음이 제법 짙어져 가고 있었다. 산길은 무성한 나뭇잎으로 그늘이 져서 땀을 식혀주기에 충분했고, 높고 가파른 산이 아니기에 등산이라기보다는 이 시의 제목과 같이 산행이라 하는 것이 더 적절한 표현일 것 같다. 모처럼 만난 친구들과 한담을 나누며 산길을 걸으니 이 시가 생각이 나서 소개한다. 좋은 시를 얻으려고 머리를 싸매고 궁리한들 뭐하나? 또한 좋은 시상이 떠올랐어도 적어 놓지 못해 잊은들 어떤가? 좋은 시는 좋은 친구와 마찬가지로 억지로 얻어지는 것이 아니다.

산 속에서 山中(산중)

이율곡(李栗谷, 조선)

약초 캐다가 홀연 길을 잃었네
온 산봉우리 마다 곱게 물든 단풍
산중 스님이 물 길어 돌아간 뒤
숲 가장이에는 차 달이는 연기

採藥忽迷路(채약홀미로)
千峯秋葉裏(천봉추엽리)
山僧汲水歸(산승급수귀)
林末茶烟起(임말다연기)

* 忽(홀) : 돌연 갑자기 소홀히 함. 바쁠 총(忽)과 혼동하기 쉬움.
* 迷(미) : 길을 잃어 헤맴 정신이 혼란함 헤매게 함.

봉우리 마다 단풍이 울긋불긋 곱게 물든 가을날, 티끌 하나 없이 파란 하늘에 취해 깊은 산속으로 들어갔다. 약초를 캐다 길을 잃은 것으로 미루어 전문 심마니는 아니다. 조용한 숲 속에서 길을 못 찾아 헤매는 이 선비는 그러나 그리 걱정하지 않는 것 같다. 왜냐하면 길을 잃어 심각하면 단풍이 눈에 들어오겠는가? 그러면 그렇지. 조금 가다 보니 저 멀리 단풍잎 사이로 조그만 절이 하나 보였다. 스님 한 분이 물을 길어 가는 모습도 보였다. 절을 향해 가다 보니 어느덧 숲은 끝나고 절집 굴뚝에서는 가느다란 연기가 피어오른다. 찻물을 끓이는 작은 군불 연기다. 스님은 이 선비를 미리 보고서 차를 다리며 손님을 기다리고 있다. 녹차 맛이 나는 단아한 시 한 수다.

산길을 걸으며 山行(산행)

두목(杜牧, 당나라)

아득한 한산 비탈진 돌 밭길 올라 보니
흰 구름 이는 곳에 사람 사는 집 있네
늦 단풍이 하도 좋아 수레 멈추고 바라보니
서리 맞은 단풍잎 봄꽃보다 더 붉더라

遠上寒山石徑斜(원상한산석경사)
白雲生處有人家(백운생처유인가)
停車坐愛楓林晩(정거좌애풍림만)
霜葉紅於二月花(상엽홍어이월화)

* 寒山(한산) : 가을이 깊어 쓸쓸해진 산.
* 坐(좌) : 여기서는 앉을 좌가 아니고 ~ 때문에, ~으로 인하여.
* 坐愛(좌애) : 사랑하기 때문에.

멀고도 쓸쓸한 산을 오른다. 늦가을 먼 여행길이다. 길조차 험한 돌 밭길, 더구나 비탈길이다. 험한 인생길을 암시한다. 흰 구름이 이는 곳은 깊은 산중인데 인가를 만났으니 반갑다. 집 주인은 아마 속세를 떠난 은자일 터이니 처지가 비슷하리라. 단풍은 인생의 말년이요, 허무다. 봄꽃은 젊음이며 희망이다. 서리 맞은 단풍이 봄꽃보다 좋다니 수레를 탄 이의 신세가 무척이나 스산하다. 그러나 마음을 바꾸어 보면 단풍도 좋다. 있는 그대로의 현실을 즐기자. 그것이 초탈(超脫)이다.

6월의 풍경 六月調(유월조)

김삼의당(金三宜堂, 조선)

술 마시고 노래하는 어느 못된 총각들은
숲 속 샘물가에서 삼삼오오 모여서 놀고
남쪽 들판의 개천 물은 안개처럼 맑아서
처녀들 조용히 머리 감는 모습 고아라

  歌酒誰家惡少年(가주수가악소년)
  三三五五向林泉(삼삼오오향림천)
  城南野水淸如烟(성남야수청여연)
  兒女流頭靜且姸(아녀유두정차연)

* 城南(성남) : 성의 남쪽.
* 烟(연) : 연기. 안개(=煙).
* 姸(연) : 곱다. 사랑스럽다. 총명하다.

음력 유월 보름이 유월 유두날이다. 신라시대부터 내려오는 풍습인데 남자들은 산에 올라 약수물을 마시고 개를 잡아 보신탕을 해먹으며 가무음주(歌舞飮酒)로 하루를 즐기고 여자들은 시냇가로 나가 밀개떡이나 국수를 먹으며 냇물에 머리를 감는다. 봄부터 시작한 농사일이 오뉴월 뙤약볕까지 이어지며 누적된 일꾼들의 피로를 씻어 내기 위하여 휴식을 주고 허해진 몸을 보(補)하기 위해 영양섭취를 해주는 날이다. 명절 혹은 축제라 할 수 있는데 떠꺼머리총각들과 아리따운 처자들이 함께 어울리지 못하고 따로따로 놀고 있다. 하여간 당시의 세시풍속(歲時風俗)을 정감있게 표현했다. 삼의당 김씨는 조선 정조 때의 여류시인이다.

절 나들이 길에서 示子芳(시자방)

임억령(林億齡, 조선)

오래된 절 문 앞에서 봄을 떠나보내는데
빗물 따라 지는 꽃잎, 옷에 묻어 수놓은 듯
돌아오는 길목, 소매 가득 맑은 꽃향기에
수많은 벌떼들이 한없이 따라 오네

古寺門前又送春(고사문전우송춘)
殘花隨雨點衣頻(잔화수우점의빈)
歸來滿袖淸香在(귀래만수청향재)
無數山蜂遠趁人(무수산봉원진인)

* 頻(빈) : 1)자주 잦은 모양. 2)늘어서다. 3)찡그리다. 여기서는 1)과 2)의 뜻.
* 袖(수) : 옷소매.
* 趁(진) : 따라오다. 뒤따르다.

오래된 절을 찾아 나들이를 갔는데 날씨가 더운 것이 이미 초여름이다. 떠나가는 봄을 아쉬워하는 이 작가의 마음을 하늘도 아는 지 비까지 뿌려 준다. 빗물에 실려 꽃잎이 떨어진다. 비에 젖은 두루마기 위로 꽃잎이 내려 앉아 하얀 옷에 붉은 점점이 무늬를 이룬다. 옷에 꽃잎을 묻힌 채로 산을 내려오자니 어디선가 벌떼들이 나타나 계속 따라온다. 꽃향기를 소매 가득히 담아 오니 벌들이 먼저 알고 몰려든 것이다. 임억령은 전라도 해남 출생으로 강원 관찰사와 담양 부사를 지냈다. 말년에는 담양의 무등산 밑에 있는 식영정(息影亭)에서 시(詩)와 자연을 벗 삼으며 유유자적(悠悠自適)하였다. 송강 정철(松江 鄭澈)의 스승이다.

절간의 밤풍경 山寺夜吟(산사야음)

정철(鄭澈, 조선)

우수수 떨어지는 낙엽 소리를
성근 빗방울 소리로 착각하고
중 불러 문 밖에 나가 보라 했더니
시냇가 나무가지에 달만 걸렸다네

蕭蕭落木聲(소소낙목성)
錯認爲疏雨(착인위소우)
呼僧出門看(호승출문간)
月掛溪南樹(월괘계남수)

* 蕭蕭(소소) : 바람이나 빗소리가 쓸쓸함. 瀟瀟(소소)=비바람이 심하게 침.
* 落木(낙목) : 원 뜻은 잎이 떨어진 나무 裸木(나목)이나, 여기서는 낙엽이 떨어짐을 나타냄.

바람이 불어 나뭇잎 부딪치는 소리는 빗소리로 착각하기 쉽다. 마음이 울적하거나 쓸쓸할 때는 보들레르의 시 '내 마음 속에 흐르는 비' 처럼 그저 빗소리의 환청이 들릴 수도 있다. 그러나 송강 정철(松江 鄭澈)은 역시 고관대작답다. 처량한 감상에서 재빨리 빠져 나온다. 단잠에 떨어진 중을 깨운다. 비가 오는지 나가 보라는 것은 핑계이고, 잠 안 오는 밤 말상대가 필요했을 것이다. 옛 시 '공산목락우소소(空山木落雨蕭蕭=사람 없는 깊은 산에 낙엽 지고 쓸쓸히 비 내린다)'에서 첫 구를 따왔다. 이 구절을 '빈 산에 낙엽소리 우수수'라고 번역해도 어색하지는 않으리라. 당(唐)나라 시인인 무가상인(無可上人)의 가을[秋]이라는 시 한 구절을 소개한다.

빗소리 들으며 찬 밤 새우고 / 문을 여니 수북한 낙엽
聽雨寒更盡(청우한경진) / 開門落葉深(개문낙엽심)

멀리 경치를 보며 遠自廣陵(원자광릉)

진관(秦觀, 송나라)

추운 날 물새들이 몸을 붙여 서로 기댄 채
수 천 마리 무리 지어 노을을 즐긴다
사람이 지나가도 달아날 줄 모르다가
홀연 얼음 깨지는 소리에 일제히 날아오른다

天寒水鳥自相依(천한수조자상의)
十百爲群戱落暉(십백위군희낙휘)
過盡行人都不起(과진행인도불기)
忽聞氷響一齊飛(홀문빙향일제비)

* 自(자) : 스스로. 몸소. ~로부터[自初至終=처음부터 끝까지].
* 十百(십백) : 백이 열. 많다는 표현임.
* 都(도) : 큰 고을. 도읍. 여기서는 모두, 전부 다.
* 一齊(일제) : 한결 같음. 같은 때. 동시에 한꺼번에.

한강에 철새들이 돌아왔다. 한강 물이 맑아지면서 철새들의 먹이가 되는 물고기들이 많아진 것이다. 비록 낙동강 을숙도 철새 도래지의 장관(壯觀)은 아니지만 다리를 건너며 강 위에 떠다니는 청둥오리를 보는 재미가 쏠쏠하다. 과거 고도성장기에는 환경오염에 대한 고려가 전혀 없다시피 했지만, 근래에 수 년 동안 꾸준히 수질개선에 노력한 결과다. 수 천 마리의 새들이 강물 위에 떠다니면서 사람이 지나가도 달아나지 않음은 자기들을 해치지 않는다는 믿음이 있기 때문일 것이다. 자연을 해치지 않음으로서 석양 노을을 배경으로 수많은 새들이 일제히 비상하며 군무(群舞)를 추는 장관(壯觀)을 한강다리에서도 볼 수 있는 날이 오기를 기대한다.

저녁 강가에서 暮江吟(모강음)

백거이(白居易, 당나라)

한줄기 석양노을 물속에 녹아들어
쓸쓸한 강물이 반쪽은 붉은 빛
구월 초사흘 밤을 그 누가 가련타 했나
진주같은 이슬이 초승달에 영롱하다

一道殘陽鋪水中(일도잔양포수중)
半江瑟瑟半江紅(반강슬슬반강홍)
誰憐九月初三夜(수련구월초삼야)
露似眞珠月似弓(로사진주월사궁)

* 鋪(포) : 풀어놓다. 깔아 펼치다.
* 瑟瑟(슬슬) : 1)거문고. 2)바람 부는 모양. 3)적막하고 쓸쓸함.
* 憐(련) : 불쌍하게 여기다.

음력 9월이면 가을이 깊어져 곧 한 해가 저물어 가는 때다. 더구나 해가 지는 석양이다. 왠지 허전하고 쓸쓸한 기분이 드는 시간이다. 강물에도 어둠이 깔려 물색이 삭막한데 한줄기 노을빛이 물위에 깔리니 산 그림자 위로 강물의 반쪽이 붉게 빛난다. 이어서 곧 밤이 되었다. 강가의 풀잎에 맺힌 이슬방울이 막 나온 초승달 아래에서 진주처럼 맑고 차다. 조금 전 강물 위에 깔린 노을빛과 희미한 달빛 아래에서 반짝이는 이슬방울을 보며 그 누가 이 가을을 쓸쓸하다 말할 수 있겠나. 희노애락애오욕(喜怒哀樂愛惡欲) 칠정(七情)은 모두 마음속에서 나오는 것이다. 하나의 사물을 보면서 누구는 가련(可憐)하다 하고 어떤 사람은 찬란(燦爛)하다고 한다.

길수를 지나면서 過吉水(과길수)

양만리(楊萬里, 송나라)

찬 강에 바람 불어 물결을 말아 올리더니
눈발이 흩날리자 순식간에 잔잔해진다
유리같은 강물 위에 옥같은 눈꽃 피는데
홀로 배를 탄 이는 시인 맹호연이구나

風券寒江浪濕天(풍권한강랑습천)
斜吹亂雪忽平船(사취난설홀평선)
碧琉璃上瓊花裏(벽유리상경화리)
獨載詩人孟浩然(독재시인맹호연)

* 斜(사) : 비뚤어지다[斜視]. 기울다. 쇠퇴하다[斜陽].
* 吹(취) : 불다. (나팔을) 연주하다. 여기서는 바람을 뜻함.
* 瓊(경) : 아름다운 옥.

세찬 바람이 강물을 말아 올려 하늘까지 적신다. 눈이 내리려고 강풍이 불었나 보다. 눈발이 흩날리자 바람이 잦아지고 흔들리던 배는 조용해졌다. 어느덧 잔잔해진 강물은 마치 푸른 유리판 같다. 강물 위로 내리는 눈은 마치 옥으로 만든 꽃처럼 아름답다. 잔잔한 강 위, 눈꽃 속을 홀로 배를 타고 지나는 이는 시인 맹호연인가 보다. 작자가 56세가 되어 귀향길에 고향 근처인 길수를 배로 지나가며 지은 시다. 객지에서 모진 풍파를 겪다가 고향에 와서 평온하게 살고자 하는 기대가 엿보인다. 높은 관직에는 오르지 못했으나 활달한 시풍으로 많은 시를 남긴 점에서 자신을 당나라의 산수시인(山水詩人) 맹호연과 비유했다. 양만리(楊萬里)는 남송사대가(南宋四大家) 중 한 사람이다.

보덕굴에서 普德窟(보덕굴)

이제현(李齊賢, 고려)

바윗골 사이에서 시원한 바람 일고
시냇물은 깊어서 더욱 푸르네
지팡이 집고 겹겹 지붕을 쳐다보니
날씬한 추녀 끝에 구름과 나무 얹혔네

 陰風生巖谷(음풍생암곡)
 溪水深更綠(계수심경록)
 倚杖望層巓(의장망층전)
 飛簷駕雲木(비첨가운목)

* 巖(암) : 바위.
* 巓(전) : 산마루. 산꼭대기. 산정(山頂). 이 시에서는 보덕굴의 지붕을 산마루라 표현함.
* 簷(첨) : 처마. 첨아(簷牙).
* 駕(가) : 가마. 멍에를 지다.

보덕굴은 금강산 법기봉 밑 만폭동에 있는 절이다. 7세기 경 보덕(普德)이 절벽 중간에 있는 동굴에서 수도하며 세운 절인데 12세기 초 고구려승 회정스님이 그 자리에 중건하였다. 절벽을 뚫어 굴을 파고 구리기둥과 쇠사슬로 벼랑에 고정시킨 절의 모습이 마치 공중에 떠있는 것처럼 보인다. 전반부는 보덕굴 주변 풍경을 묘사했다. 법기봉 계곡 바람과 만폭동 계곡 물 모두 시원하다. 후반부는 절의 모습을 표현했다. 절벽 밑에서 3층 누각을 보니 사뿐히 들린 추녀 끝 위로 하얀 구름과 푸른 나무가 마치 이 절을 타고 앉은 것처럼 보인다. 많은 이들이 3구의 전(巓)을 산봉우리로 번역하는데 이 절의 독특한 생김새를 보지 못해서 범하는 잘못된 번역이다. 현존하는 절은 1808년 중수한 것이다.

진도 벽파정에서 珍島碧波亭(진도벽파정)

장유(張維, 조선)

하늘 맞닿아 햇빛 눈부신 먼 바다
구름 밑으로 점점이 박힌 푸른 섬
해거름 바람 소리 하늘에 가득하더니
파도 꽃 부서져 흩날리는 벽파정

天邊日脚射滄溟(천변일각사창명)
雲際遙分島嶼靑(운제요분도서청)
閶闔風聲晚來急(창합풍성만래급)
浪花飜倒碧波亭(낭화번도벽파정)

* 滄溟(창명) : 멀고 너른 바다.   * 際(제) : 가(=邊).
* 遙分(요분) : 멀지만 분명하게 보인다.
* 閶闔(창합) : 하늘의 문. 서쪽 끝에 있는 전설의 문. 가을바람. 서풍.
* 飜倒(번도) : 날리어 거꾸러진다.
* 島嶼(도서) : 큰 섬 도(島), 작은 섬 서(嶼). 크고 작은 섬.

깊어가는 가을날 오후다. 진도 벽파정에 올라 먼 바다를 쳐다본다. 하늘 낮게 비낀 해가 바다를 온통 반짝거리게 비춘다. 하늘에는 몇 점 구름이 한가롭고, 먼 바다에는 점처럼 박힌 섬이 또렷하다. 전반부에서 먼 곳을 묘사한 뒤 후반부에서는 주변의 풍광을 묘사하고 있다. 바다에서 불어오는 서풍이 매우 거세다. 파도가 높이 인다. 벽파정 밑에 있는 바위에 부딪치는 파도가 하얀 물보라를 만든다. 끊임없이 밀려오는 파도에 하얀 파도 꽃이 피었다가 사라지기를 반복한다. 석양에 바닷가에 서서 일정한 간격으로 밀려와 하얗게 부서지는 파도를 하염없이 보고 있노라면 누구든지 시인이 될 것이다. 글로 쓰든, 그저 표현할 수 없는 느낌으로 간직하든 이미 마음속의 시 한 편을 키우는 것이 된다.

망호루에서 望湖樓醉書(망호루취서)

소식(蘇軾, 송나라)

먹물 같은 검은 구름, 산을 반쯤 가리더니
하얀 비가 구슬 튀듯 뱃전 위에 어지럽다
대지를 휩쓸듯 돌풍이 불어 흩날리니
망호루 아래는 물과 하늘이 뒤바뀐 듯

黑雲飜墨未遮山(흑운번묵미차산)
白雲跳珠亂入船(백운도주난입선)
卷地風來忽吹散(권지풍래홀취산)
望湖樓下水如天(망호루하수여천)

* 飜(번) : 뒤집어지다. 번득이다.
* 卷(권) : 책(두루마리). 둘둘 말다. 책(冊)은 竹簡.

대단한 날씨다. 갑자기 검은 비구름이 몰려와 온 하늘이 먹물처럼 시커멓다. 먹구름이 산을 다 덮기도 전에 굵은 빗줄기가 호숫가에 메어 놓은 뱃전을 때리면서 구슬처럼 부서진다. 이때 갑자기 온 땅을 뒤엎을 듯한 회오리바람이 불어와 물을 말아 올린다. 마치 물과 하늘이 뒤바뀐 듯하다. 한여름에 일진광풍(一陣狂風)이 휘몰아치며 장대 같은 소나기가 퍼붓는 풍경을 실감나게 묘사했다. 소식(蘇軾)이 1072년 항주(抗州)로 좌천되어 자신의 어려운 처지(앞의 3구절)와 훗날을 도모하는 의지(4구)를 표현한 시라 볼 수도 있다. 《주역(周易)》에 보면 수천수(水天需)라 하여 그 점괘는 이렇다.

"물과 하늘이 뒤바뀌었으니 운무(雲霧)가 자욱한 상이다. 세상사 시운(時運)이 있는 법. 물러서서 때를 기다려라."

4구의 수여천(水如天)은 스스로를 위로하고, 재기를 다짐하는 내용이다.

국경 마을에서 凉州詞(양주사)

왕지환(王之渙, 당나라)

아득한 흰 구름 사이 황하가 시작하는 곳
만 길 높은 산 위에 외로운 성 하나
오랑캐의 피리는 하필 구슬픈 이별곡
봄바람은 아직 옥문관을 넘지 못했는데

黃河遠上白雲間(황하원상백운간)
一片孤城萬仞山(일편고성만인산)
羌笛何須怨楊柳(강적하수원양류)
春風不度玉門關(춘풍부도옥문관)

* 仞(인) : 길이 단위. 8尺이 1仞. 여기서는 높다는 뜻.
* 羌(강) : 중국 서북부 지역 소수민족.
* 何須(하수) =何必(하필). 어찌 꼭 해야 할까. 구태여 할 필요 있나.
* 楊柳(양류) : 折楊柳(절양류)의 준말. 북조시대 이별가.
* 玉門關(옥문관) : 돈황 서쪽에 있는 관문.

 황하(黃河)를 거슬러 끝까지 올라가면 흰 구름에 싸인 높은 산이 곤륜산(崑崙山)이다. 그 산 위에 있는 외딴 성 안에는 국경수비대 병사들이 주둔하고 있다. 고향을 떠나 머나 먼 변방에서 수자리 사는 이들은 평소에도 늘 춥고 외롭다. 그런데 먼 곳에서 구슬픈 피리소리가 들려온다. 절양류(折楊柳)라는 이별곡이다. 적국(敵國)인 강족(羌族) 진영에서 병사들의 마음을 울적하게 만들어 사기(士氣)를 떨어뜨리려는 심리전을 편 것이다. 남쪽 고향에는 지금쯤 봄바람이 불 텐데, 날씨마저 을씨년스러워 병사들은 이래저래 마음이 밭아진다. 작가는 최전방 국경수비대의 풍광을 담담하게 표현했지만 독자들이 병사들의 스산한 마음을 함께 느끼도록 이끈다.

영주에 대한 노래 營州歌(영주가)

고적(高適, 당나라)

영주 소년들은 거친 들판에 익숙하여
짐승가죽 둘러쓰고 성 아래서 사냥한다
독한 백알 천 잔 마셔도 취하는 이 없고
오랑캐 아이들 열 살이면 말도 잘 탄다

營州少年厭原野(영주소년염원야)
狐裘蒙茸獵城下(호구몽용렵성하)
盧酒千鍾不醉人(노주천종불취인)
胡兒十歲能騎馬(호아십세능기마)

* 厭(염) : 익숙하다. 편하다. 만족하다. 물리다. 싫다.
* 狐裘蒙茸(호구몽용) : 여우가죽 옷에 어린 사슴 뿔 모자. 요란한 복장.
* 鍾(종) : 술잔.

영주는 지금의 요녕성(遼寧省) 서북지역에 있으며 당나라 때 영주도호부가 설치되었다. 고구려와 중국의 국경지역이다. 국경이라 해도 지금처럼 정확한 구분이 되어 있는 게 아니고 완충지대라 할 수 있다. 여기서 말하는 오랑캐인 영주소년이란 돌궐족이거나 발해(渤海) 사람일 것이다. 중국인으로 군인의 신분인 이 작가는 오랑캐 아이들을 무시하거나 그들에게 적대감을 나타내지 않고 있다. 오히려 술이 세고, 말도 잘 타며, 사냥을 좋아하는 호방한 기상을 칭찬하고 있다. 고구려가 멸망한지 백 년 가까이 지나 전쟁이 없었을 때라지만 이 시인이 약자들의 편에 서서 그들을 이해하고 도우려는 품성을 지녀서 그럴 것이다.

겨울밤 冬夜(동야)

박죽서(朴竹西, 조선)

눈 빛 환한 먼 하늘에 기러기 떼 비껴 날고
처음 떨어진 매화 송이에 꿈이 더욱 맑다
북풍은 밤 세워 초막 처마 끝을 맴 돌고
찬 대나무 몇 그루가 빗소리를 내누나

雪意虛明遠雁橫(설의허명원안횡)
梅花初落夢逾淸(매화초락몽유청)
北風意夜茅簷外(북풍의야모첨외)
數樹寒篁作雨聲(수수한황작우성)

* 意(의) : 뜻. 생각. 형세. 여기서는 형세의 뜻.
* 虛明(허명) : 빌 허, 맑을 명. 여기서는 맑고 밝은 하늘을 표현함.
* 逾(유) : 지나가다. 넘어가다. 더욱. 여기서는 더욱의 뜻.
* 茅簷(모첨) : 띠, 초가집 모, 처마 첨. 초가집 처마.
* 篁(황) : 대밭.

　　조선 말 여류시인 죽서(竹西)는 약 200년 전 박종언의 서녀(庶女)로 태어나 서기보의 소실(小室)이 되었다가 쉰을 못 넘기고 죽었다. 시재(詩才)가 있는 양반집의 소실(小室)들끼리 모여 한시를 지으며 교류하였다. 이 때 지은 시 126수가 전해온다. 눈빛이 반사되어 환한 밤하늘에 기러기 떼가 날고, 눈 속에 피어났다 바람에 흩날리는 매화 꽃잎이 꿈 속 같다. 바람이 불면 대밭에서는 대나무 잎이 서로 부딪쳐 마치 비 오는 소리를 낸다. 이 시에는 심오한 철학이나 인생에 대한 깊은 성찰은 없지만, 겨울의 정경을 단아하게 읊은 아마추어리즘이 싱그럽게 느껴진다.

눈 내리는 강가에서 江雪(강설)

유종원(柳宗元, 당나라)

온 산에 새들도 자취를 감추고
길에는 사람 하나 다니지 않는데
외로운 조각배에 도롱이 삿갓 쓴 노인
눈보라 치는 강 위에서 홀로 낚시하네

千山鳥飛絶(천산조비절)
萬徑人蹤滅(만경인종멸)
孤舟蓑笠翁(고주사립옹)
獨釣寒江雪(독조한강설)

* 江雪(강설) : 강가에 쌓인 눈이 아니라 눈 내리는 강이다(도롱이와 삿갓을 썼으니).
* 蹤(종) : 흔적. 자취. 종적(蹤迹).
* 蓑笠(사립) : 도롱이 사, 삿갓 립.
* 釣(조) : 낚시.

보통 추운 날씨가 아니다. 더구나 눈보라까지 매섭게 몰아친다. 한적한 강촌마을에 한파가 몰아닥치니 사람들은 집안에서 꼼짝 안하고 새들마저 둥지에서 나오지 않는다. 이 시의 전반부는 신비감이 돌 정도로 적막하다. 이처럼 외진 곳에 거친 날씨에도 불구하고 이 노인은 무슨 절박한 이유가 있기에 고기잡이에 나섰을까? 양식이 떨어져 굶다 못해 나섰나, 따뜻한 집 안에서 무료하게 있자니 부질없는 걱정근심에 흔들리는 마음을 다스리러 나왔을까. 이런 질문들은 무미건조하다. 눈을 감고 한 폭의 동양화를 머리 속에 떠올려 보시라. 언젠가 본 적이 있는 낯익은 그림이 그려질 것이다. 이 시는 그림과 서로 통한다.

눈덮힌 종남산을 보며 終南望餘雪(종남망여설)

조영(祖詠, 당나라)

빼어난 종남산 그늘진 산마루
눈 덮여, 흐르는 구름 위로 단아하다
아름다운 숲, 풍광이 밝게 드러나니
성 안은 해거름 추위가 더해진다.

終南陰嶺秀(종남음령수)
積雪浮雲端(적설부운단)
林表明霽色(림표명제색)
城中增暮寒(성중증모한)

* 終南(종남) : 섬서성 남쪽에 있는 산. 주남산.
* 餘雪(여설) : 殘雪(잔설).
* 端(단) : 바르다. 첫머리. 끝. 단정하다.
* 霽(제) : 개다.

산을 항상 볼 수 있다는 것은 축복이다. 특히 단조로운 잿빛 고층빌딩 사이로 보이는 산은 도시인들에게 큰 위안을 준다. 하루 종일 잔뜩 찌푸린 날씨에도 불구하고 산봉우리는 여전히 준수하다. 구름이 흩어지자 산봉우리에 눈을 이고 구름 위로 솟아난 산의 자태가 더욱 단아하다. 구름이 걷히면서 밝게 드러난 숲의 풍광이 눈부시게 아름답다. 산과 구름이 어우러진 경치를 즐기다가 어느덧 날이 저물어 간다. 문득 추위가 느껴진다. 이제 집으로 돌아가야겠다. '성 안은 해거름 추위가 더 해진다'라고 쓴 마지막 구절이 이 시의 감칠맛이다. 돌아갈 따뜻한 곳이 있기에 산의 빼어난 풍광이 눈에 들어올 수 있는 것이다.

〈발문을 겸하여〉

자유로운 의식을 지닌 은영이의 삶과 시

김봉진(문학평론가)

　시를 제대로 알지도 못하는 내가 단지 가깝게 지내는 벗이라고 하여 이 책의 끝을 장식하게 되었다. 이 책에 실린 한시 번역문은 벗 은영이가 지난 4년동안 주간지에 연재했던 시들이다. 한시는 나름대로 운과 연의 틀이 정해져 있어서 제대로 이해하기가 쉽지 않다고 하는데 은영이는 매끄럽게 이 모든 한시를 번역해 놓았다.
　은영이는 선비적 삶을 살아가는 벗이다. 꼭 한시를 좋아한다고 해서 하는 말이 아니라 그동안 가까운 벗으로 지내면서 겪은 내 느낌은 현대판 선비라는 생각이 든다는 것이다. 하는 일이나 말에 있어서 점잖을 뿐만 아니라 술자리에서 함께 어울려 즐기면서 흥취를 느끼는 모습은 조선조 선비상을 느끼게 한다.
　그 사람의 행실을 보면 그 사람의 삶을 알 수 있다고 한다. 또 그 사람이 즐기는 것을 보면 그 삶을 유추할 수 있다고 한다. 노래하는 가수들이 대체로 자신이 부른 노래가락과 같은 삶을 살아가게 된다고 하듯이, 즐겨하는 일이나 글은 그걸 누리는 사람의 삶과 매우 닮아있다. 그런 면에서 은영이가 자유롭게 선택하였지만 이 책에 실린 시 작품들은 바로 은영이의 삶을 반영하고 있다고 할 수 있다.

그래서 은영이가 애정을 갖고 번역한 한시들을 읽다보면 은영이의 삶이 더욱 구체적으로 느껴진다. 때로는 끝없이 그리는 내 마음이 천리를 이어가는 큰 강물로 흐르기도 하고(〈寄君實〉), 때로는 개인날 저녁 바람에 새소리를 넉넉하게 듣기도 한다(〈以烏机遣容齋〉). 또 상위에 놓인 밥이 알알이 고생과 땀이 어우러진 것임을 알기에(〈憫農〉) 우리 농민들에게 고통을 가져다주는 미국과의 자유무역협정에 분노하며, 글을 배운 선비로서 사람구실을 제대로 하는 것이 어렵다는 것을 알기에(〈絶命詩〉) 지조있게 살아가고자 한다. 또한 뜻하는 길을 꾸준히 걸어가기에 펄펄 날리는 눈 속에서 붉은 복사꽃을 보기도 한다.(〈悟道頌〉) 이 외에도 이 책에 실려있는 많은 작품 속에서 은영이가 살아온 삶의 자세를 엿볼 수 있는 시 작품들이 많이 있다.

현대인의 바쁜 삶 속에서 조선시대 선비같이 살아간다는 것은 무척이나 힘들다. 그것은 어느 정도 자신을 희생해야만 하고, 또 갖고 있는 뜻과 심지가 매우 굳어야만 한다. 더구나 예전과는 달리 세계화의 과정 속에서 나라와 나라 사이에 주고받는 영향력이 커져가면서 현대인들은 시간에 겨 공동체의 삶보다는 자기 자신이나 가족의 범주에서 벗어나지 못한 채 하루하루를 살아가고 있다. 그런 속에서도 은영이는 다른 사람들처럼 소시민적인 틀에 갇혀 지내지 않고 여전히 자신의 신념을 강하게 지켜나가는 흔치 않은 벗이기도 하다.

우리 사회와 민족이 나아가야 할 방향은 공동체 삶이어야 한다. 그러한 삶은 민족이나 평등 또는 평화를 앞세울지라도 그 안에 서로를 배려해준다는 뜻을 담고 있다. 신자유주의라는 이름 아래 진행되고 있는 우리 사회의 변화는 아직도 독선과 집단 이기심만이 강하게 나타나고 있다. 이처럼 천민 자본주의가 강력한 힘을 발휘하고 있는 문화풍토에서 이웃을 배려하는 삶의 길을 가기 위해서는 선현들이 남긴 글을 되새겨 보아야만 한다. 그 대상작품이 운문이건 산문이건, 문학작품이건 역사기록물이건 구분할 필요가 없이 우리보다 앞서 살다간 분들이 남겨놓은 글을 통해 우리는 내일의 삶의 방향을 찾아낼 수 있다.

은영이는 그 길을 한시에서 찾았고, 이제 한시의 번역을 통해 선현들의 올곧은 삶을 온몸으로 느끼면서 나름대로 삶의 자세를 정립해가고 있다. 그는 선현들이 남긴 시를 통해서 인생을 배웠고, 선현들의 마음을 이해하면서 이를 나름대로 받아들여 일상생활에서 실천해온 벗이라고 할 수 있다. 나는 이처럼 여유있게 삶을 살아가는 벗이 내 가까이 있음을 행운으로 여긴다.

삶이 즐겁거나 괴로운 것은 먹는 것보다는 느끼고 생각하는 것에 더 큰 영향을 받는다. 일상생활 속에서 느끼고 생각하면서 살아가는 삶은 결국 문학을 생활 속에서 즐기는 행위라고 할 수 있다. 문학을 즐기면서 살아가는 삶은 행복한 삶이다. 좋은 음식을 많이 먹거나 좋은 물건을 사서 기쁜 것보다도 마음으로 느끼며 즐겁게 살아가는 삶이 더욱 행복한 것처럼 은영이는 문학을 통해 행복을 제대로 느끼면서 살아가고 있는 것이다. 이제까지 인생을 즐기면서 살아온 은영이가 한시를 읽고 번역하면서 느낀 인생의 의미를 더욱 깊이 깨달아서 앞으로도 삶을 즐기는 자세를 흩뜨리지 않고 살아가기를 빈다.

이 은 영

전북 전주 출생. 전주고, 성균관대학교 졸업. 대한전선주식회사 근무.
현재 주식회사 케이블링크 대표이사.
전북민주동우회 회장.
대통합민주신당 전라북도당 공동위원장.

이은영의 한시 산책

초판 1쇄: 단기 4340년(서기 2007년) 12월 30일 발행
지은이: 이은영
펴낸이: 현상선
펴낸곳: 도서출판 비움과 채움
　　　　㉾ 132-792　서울시 도봉구 창4동 807
　　　　　　　　쌍용상가 2층 213호
　　　　전화: 02-997-0821　전송: 02-998-3622
　　　　전자주소: 72ranto@paran.com
　　　　ISBN　978-89-956037-9-6　03890

값: 10,000원

＊ 지은이와 합의 아래 인지는 생략합니다.
＊ 잘못 만들어진 책은 구입한 곳에서 바꿔 드립니다.